知識ゼロ貯金ゼロから

たった5年で

セミリタイアする最強の株投資・資産形成

ガチ速FIRE

森口亮

東洋経済新報社

はじめに

「どうしていままでやってこなかったんだろう」

ちょうど10年前の2013年。私はそう感じていました。

ずっとお金に無頓着で貯金ゼロのまま生きてきた私は、30歳という年齢が近づいてきてようやく、お金と真剣に向き合うようになり、株式投資を始めていました。先ほどのシーンは、ちょうど株式投資で大きな成果を出せるようになったころのことです。

そして、その10年後の現在（2023年）は、勤めていた会社を早期退職して、都会の喧騒を離れ、福岡市内の自然豊かな土地で家族とのんびりと暮らしています。

生活費は、投資による運用収益と、情報発信などから得られる収入で賄っています。

こういった暮らし方は、世間では**サイドＦＩＲＥ**と呼ばれています。**一部労働収**

入を得つつも、会社には縛られず、お金にも困らず、自由な暮らしをする。それがサイドFIREです。

本書は、**10年前の私のように貯金ゼロ、知識ゼロでもたった5年でサイドFIREを達成するためのメソッド**をまとめた書籍です。**投資を始めてから10年、チャイナショックで大失敗して資産がゼロになってから5年でサイドFIREまでたどり着いた経験をもとに、できるだけリアルな話**をしています。

もともと私は「計画」が大の苦手で、夏休みの宿題はいつもギリギリでやるタイプでした。

それは大人になってからも同じで、毎月の給料日直後は飲みに行ったり、買い物をしたりと散財の日々。気がつくと財布の中身が底をつき、次の給料日までは貧乏飯でなんとか食い繋ぐ。18歳から30歳までの12年間、まったく貯金のできない生活を送っていました。

転機は突然訪れます。

ある日、時間をつぶすために立ち寄ったコンビニで、1冊の本に出会いました。タイトルは『お金の大事な話』（泉正人著、WAVE出版）です。

「お金かぁ。いままで真剣に向き合ってきたことはなかったよなぁ」

試しに本を開いてみると、著者の泉正人氏が私と同じ元美容師であったとわかり、親近感を覚えました。それと同時に、**自分と同じ境遇の方が投資で成功しているということに、雷を受けたような衝撃が走りました。**

すぐにその本を購入し、たった1時間で読破。すぐに「先取り貯蓄」と「株式投資」を始めました。

あの日、あのとき、あの本との出会いがなければ、いまの私の姿はなかったかもしれません。

30歳近い年齢でようやくお金に向き合い始めたのは、ちょっと遅かったようにも思います。それでも、**10年間かけて、会社に頼らなくても生きていけるようになりました。**

とはいえ、私はこの10年間に何度か大失敗をしています。

とくに、**2015年のチャイナショックでの失敗は、それまで積み上げてきた資産がすべて吹き飛ばされるほどの、とんでもない大失敗**でした。

それでもなんとか立ち上がって、貯金ゼロから投資を再スタートしました。この事件をきっかけに、**リスクをとって大きな儲けを目指すのではなく、ほぼ確実にお金が増えていく「システム」をつくる**ことを心がけるようになりました。

すると、みるみる資産が増えていき、**なんと5年でサイドFIREを達成することができた**のです。

もちろん投資の世界に絶対はありません。

それでも、**センスや意思に頼らずともお金を増やすことができる「システム」を導**

入することで、失敗を避け、誰でも5年でサイドＦＩＲＥを目指せるのではないか、と思い、本書を書くことになりました。

本書を手に取っていただいたあなたは、**「いままでお金について向き合ってこなかった」「将来漠然とした不安がある」「本当はもっとやりたいことがある」**という方なのではないでしょうか？

お金から自由になることは、人生の選択肢を増やすということ。

その一歩目として、**サイドＦＩＲＥを目指してみることは、きっとあなたの人生を大きく前に進めるきっかけになる**ことでしょう。

さぁ、一緒にサイドＦＩＲＥするためのエッセンスを学んでいきましょう！

目次

第2章 「資産収入アップ①攻めの「小型成長株投資」で資産大幅増を狙う」

第3章 資産収入アップ②守りのつみたて投資で地盤固め

第4章

副業収入アップ 自分の力で収入源を生み出す

第5章

家計管理編 1年で収入3か月分の貯金ができる森口流節約術

※本書は株式投資をする際の参考となる情報提供を目的に、著者が自らの経験および独自に調査した結果に基づき執筆したものですが、確実な利益を保証するものではありません。投資に関する最終決定は必ずご自身の判断で行ってください。

第1章

貯金ゼロからたった5年で自由を手に入れる「ガチ速FIRE」

1

「ガチ速FIRE」で、できるだけ早く自由な生活を送ろう！

まずは本書のゴール設定をしていきます。それは、**貯金ゼロから5年でサイドFIREを達成する**ことです。

本書のゴールであるサイドFIREについて説明する前に、**「FIRE」**に触れておきましょう。「FIRE」とは“Financial Independence, Retire Early”の頭文字をとった言葉で、「経済的自立」と「早期退職」を意味します。

2021年から2022年にかけて、米国の主要株価指数S&P500や全世界株式指数に連動したファンドなどに長期つみたて投資して、早期退職を目指す

ＦＩＲＥが、さまざまなメディアに取り上げられて話題になりました。

ＦＩＲＥは、いわゆる「資産収入」のみで生活できる状態を指します。

ＦＩＲＥの定義としてよく用いられる**「４％ルール」**をご存知でしょうか。米国の長い歴史から見た平均的な経済成長率（約７％）から目標インフレ率（約３％）を引いた長期の株式の期待利回りが約４％と仮定し、生活費を４％の利回りで賄えるならば、ＦＩＲＥが成り立つというルールです。

４％ルールをそのまま適用するならば、仮に手取り年収４００万円の生活に必要な元手として「１億円」という大きな資産をつくる必要があります。逆にいえば１億円をつくれてようやく手取り年収４００万円の生活です。

１億円もの資産形成をしなければならないとすると、それは相当高いハードルです。10年前の私のように、「貯金ゼロ＋知識ゼロ」からスタートすると考えると、ＦＩＲＥはかなり遠い目標です。何から始めたらいいのか検討もつきません。

そこで、本書が目指したいのは資産収入と副業収入が生活費を超える状態、いわゆる**「サイドＦＩＲＥ」**です。**サイドＦＩＲＥを達成できれば、本業を早期退職して、あとは好きなときだけ仕事をする生活を送れます。**

サイドＦＩＲＥは次の式で表現できます。

サイドＦＩＲＥの式

資産収入＋副業収入＞生活費

サイドＦＩＲＥであれば、たとえ「貯金ゼロ＋知識ゼロ」だったとしても、5年もあれば達成可能です。実際、私自身5年でサイドＦＩＲＥを達成できましたし、同じようにサイドＦＩＲＥを5年かからず達成している知人は何人もいます。

図1-1は私の資産の推移です。チャイナショックで2015年に一度資産ゼロとなり、そこから一念発起して、5年でサイドＦＩＲＥを達成しています。

5年という短い期間でサイドＦＩＲＥができた理由は、**小手先のテクニックに頼**

図1-1 2015年のチャイナショックから5年でサイドFIRE達成

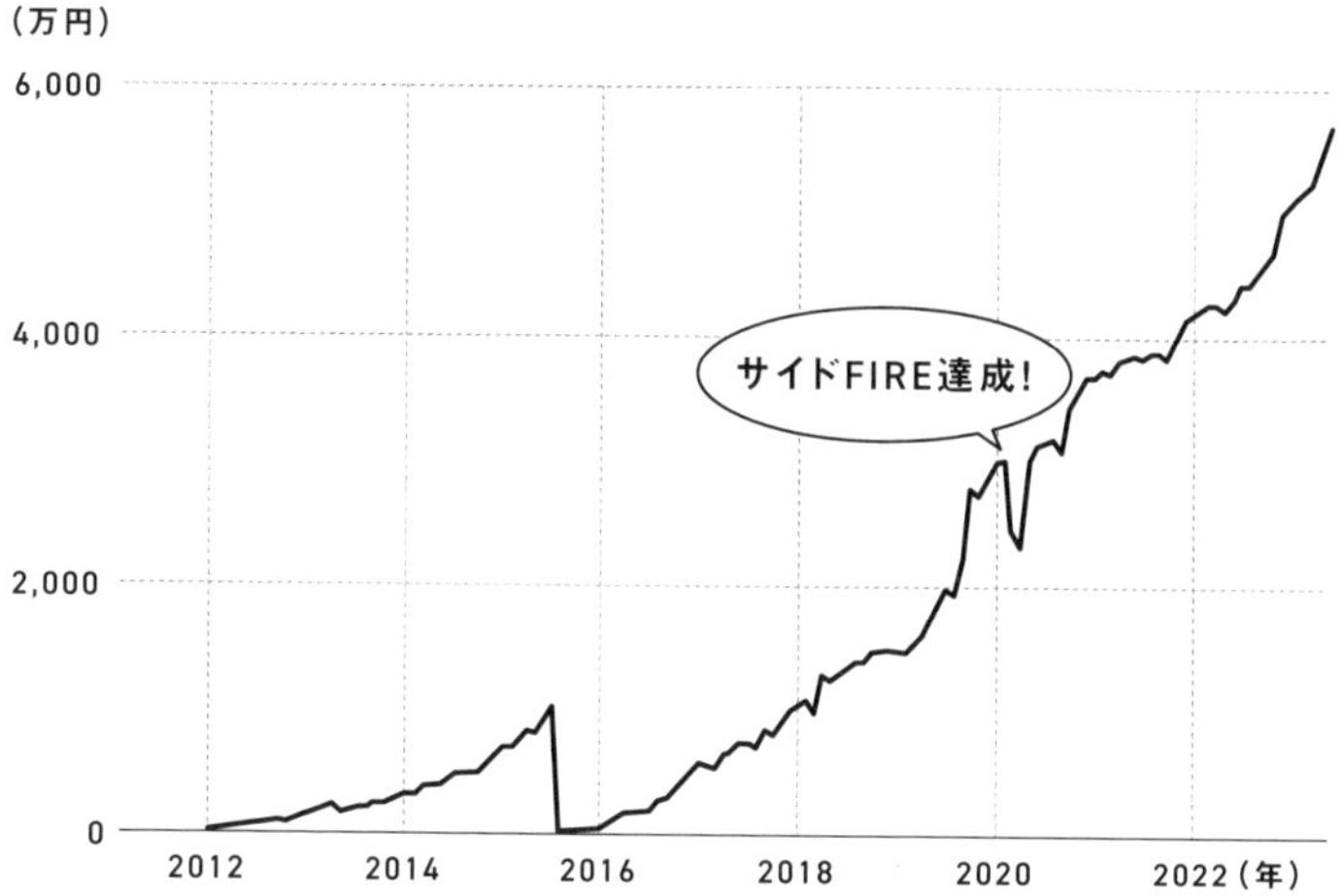

らず王道に徹しつつ、リスクをとって、行動を継続できたからです。最初はみんな不安で、右も左もわからずがむしゃらに、失敗もたくさんしました。それでも諦めずに継続してつかみ取ったのです。

諦めなければ、きっとあなたにもできるはずです！

次のパートから具体的にサイドFIRE達成のための全体像を見ていきましょう。

ガチ速
FIREの
ポイント

この本のゴールは、「資産収入＋副業収入」が生活費を超えるサイドＦＩＲＥを目指すこと！

2

問答無用でいますぐ始める4つのこと

行動を具体化するために、まずはサイドFIREを分解していきます（図1‐2）。

資産収入は、**「投資資金×利回り」**で求められます。そのため、**資産収入を効率よく上げるためには、投資資金と利回りの両方を上げればいい**のです。

投資資金は**「収入×入金率」**で増やします。副業などでお金の入り口（収入）を広げて、家計管理をして出口を狭くすることが必要です。そうすると毎月の入金率が上がり、より多くの投資資金を捻出できるようになり、投資資金が増えます。

利回りは、投資資金と比べると直接的に上げることが難しいです。利回りは相場によって変動するので、知識や経験がないとすぐには上げることはできません。そこで、**利回りはそこまで高くないけど確実性が高い方法（インデックスつみたて投資など）**

図1-2 サイドFIREの計算式

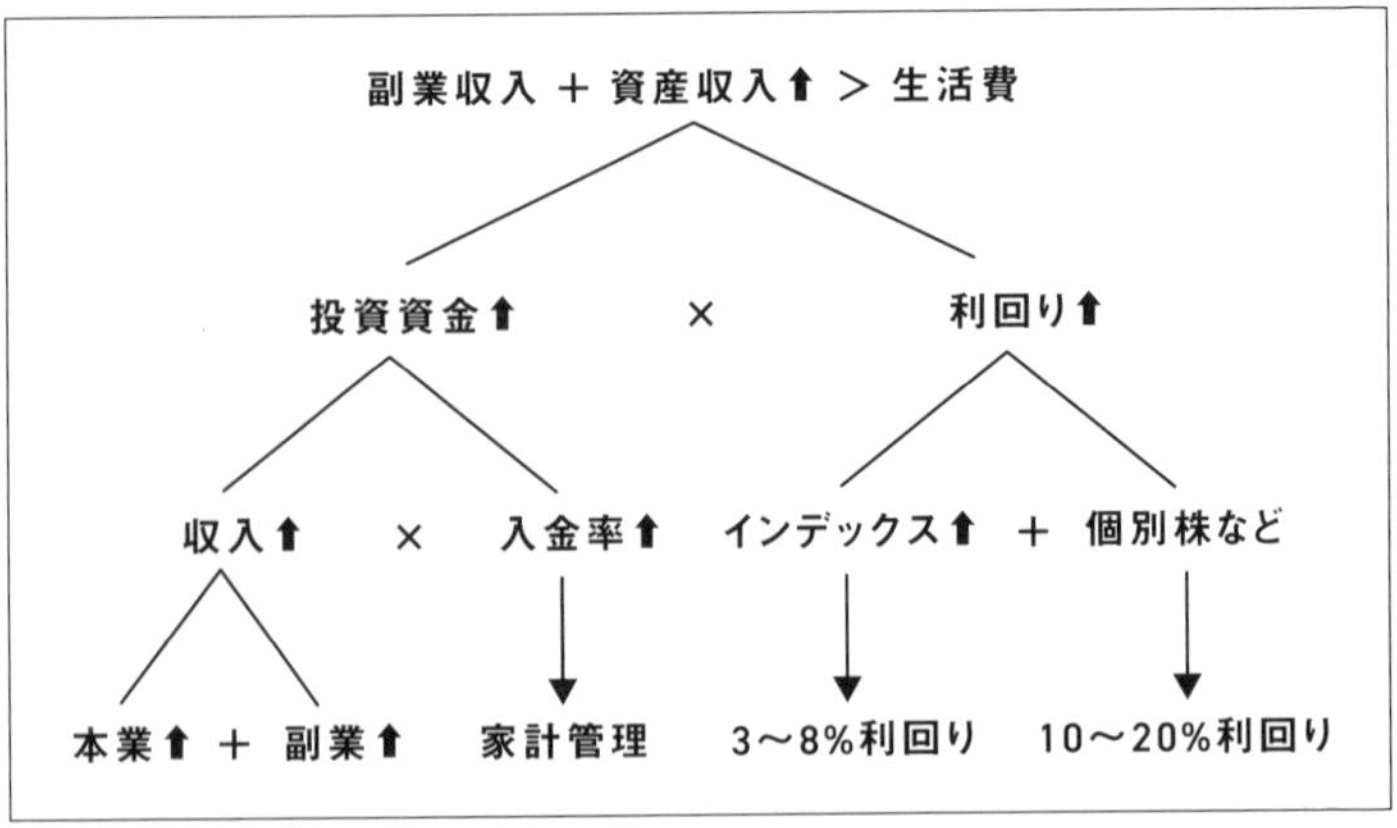

①個別株投資を始める（利回りを上げる）　②インデックス投資を始める（軸をつくる）
③副業を始める（収入を上げる）　④家計管理をする（入金率を上げる）

と利回りは高いけど確実性が低い方法（個別株投資）を組み合わせることによって、安定をとりつつも高い利回りを狙っていきます。

副業と家計管理で投資資金を増やし、インデックスつみたて投資で軸をつくりながら、個別株投資で知識と経験を重ねてより高い利回りを目指す。これが、私の経験から導き出したガチ速ＦＩＲＥ戦略です。

したがって、**短期間でサイドFIREを実現するためには、次の4つをすぐに始めることが必要**です。

サイドFIREのためにいますぐ始めるべきこと

①個別株投資を始める（利回りを上げる）……第2章
②インデックス投資を始める（軸をつくる）……第3章
③副業を始める（収入を上げる）……第4章
④家計管理をする（入金率を上げる）……第5章

いますぐ早期退職することは難しくても、**これら4つを始めれば、サイドFIREに向けて着実に一歩ずつ進んでいくことができます。**そして、**資産収入と副業収入の合計が生活費を超える状態をつくれれば、もう本業に頼る必要はなくなります。**

頼る必要がないといっても、本業が好きなら続けてもいいです。副業や投資で身につけた知識や経験はきっと本業の収入アップにも貢献する可能性が高いためです。本業を続けたくない方は早期退職し、副業や投資にさらに集中的に時間を投資することもできます。

もし、あなたが1つでもやっていないことがあれば、問答無用でいますぐスタートしてください。まずは行動です。これが最短ルートだと、私は確信しています！

ガチ速FIREのポイント

まずは行動！すぐに始めよう！

3

最速で成功するために知っておくべき「2つの法則」

たった5年でサイドFIREを達成するために、頭に入れておかなくてはいけない2つの法則があります。

それは、**「複利効果」と「レバレッジ」**です。

あらゆる場面でこの2つの法則をフルに活用していくことで、5年という短期間でサイドFIREを目指します。

「複利効果」は、投資の世界でよく用いられる言葉です。得られた利益をそのまま再投資することで、2回目の利益は「(元本＋1回目の利益)×利回り」となり、**回数を重ねるごとに雪だるま式に利益が増えること**を指しています。

簡単な例を使って考えてみましょう。仮に毎日1％の利益を生み出す投資先があるとします。1万円を投資すると、1日の終わりには1万円の1％、つまり100円の利益を含んだ1万100円を得られます。次の日もまた1万円を投資し、1万100円を手にし、さらにその次の日も……と繰り返していくと、1年後には合計で4万6500円を得ることができます。これは元手1万円の4・65倍にあたります。

それでは、複利効果を利用するために、2日目以降、得られた1％の利益も含め再投資を続けていくとどうなるでしょうか。詳しい計算は省略しますが、なんと1年後には約37万7800円にもなっているのです。これは**元手の約38倍**に相当します。**複利効果は、成果を大きく増やすうえでは欠かせない考え方**なのです。

複利効果が最大限発揮されるために必要なのは「時間」です。「時間」を最大限活用するために必要なことは、そう、いますぐにスタートを切ること。誰にとっても時間は有限です。だからこそ**いますぐスタートを切ることが利益を最大化させる最も重要なポイント**なのです。

投資の神様と呼ばれるウォーレン・バフェットは、『史上最強の投資家バフェットの教訓』（徳間書店）の中でこのような言葉を残しています。

わたしが初めて投資を行なったのは十一歳のとき。それまでは人生を無駄に過ごしていたわけだ

「複利効果」に「レバレッジ」を掛け合わせることで、さらに成果を大きくすることができます。

「レバレッジ」とは「てこの原理」のことで、投資の世界だと一般的には、借り入れを利用することでリターンを高めることを指します。

ただし、本書では一般的な意味とは違った意味で「レバレッジ」という言葉を使用します。本書における**レバレッジは、「信用」と「掛け算」を利用する、という意味**

です。

株式投資でのレバレッジ取引は「信用取引」といいます。この**「信用」は投資だけでなく、仕事の面でも重要**なのです。

たとえば、私はセミナーに登壇させていただく機会があります。最初にお声がけいただくときは、打ち合わせを重ね、お互いに多くの時間と労力をかけてセミナーの準備をします。そのセミナーがうまくいけば、次回呼んでいただく際の打ち合わせにかかる時間と労力は、初回に比べグッと減ります。

また、自分自身も講演回数が増えることで、講演のレベルも上がってくるので悪いことなしです。まさに「信用」の面で「レバレッジがかかっている」といえます。

「掛け算」とは、何かと何かを組み合わせることによって足し算以上の効果を出す、ということです。

たとえば、前節でお伝えした投資資金のアップにも「掛け算」が有効です。副業をしてスキルを身につけることができれば、本業の収入も上がるかもしれません。すると、おのずと家計を見直すことになり、結果としてさらなる投資資金アップが見込めます。

このように、レバレッジを活用することで、ひとりでは持ち上げられない重たいものもてこを使えば簡単に持ち上がるように、**サイドＦＩＲＥに向けてスピード感をプラスすることができる**のです。

ぜひ、複利効果とレバレッジを意識して、いますぐ行動を始めてさらに継続していきましょう！

ガチ速FIREのポイント

「複利」と「レバレッジ」があれば資産は加速度的に増えていく！

4

安全に大きなリターンを狙う「ガチ速FIRE投資戦略」

このパートでは、ガチ速FIREするためには欠かせない、**投資に対する考え方**の話をしていきます。

投資といっても、本書では

①個別株投資
②インデックスつみたて投資（**インデックス投資**）

に分けて考えます。

では、どちらから始めたほうがいいのでしょうか？

明確な答えはありませんが、**できることならどちらも少額でいいので、なるべく早いスタートを切ることが重要**です。当然、複利効果を最大限に高めるためです。

インデックス投資（②）には最低限の利回り（3～8％）**を確保する目的**があり、**個別株投資（①）にはインデックス投資を超える利回り**（10～20％）**を出す目的**があります。

まず複利効果を最大限享受したいと考えるのであれば、多くの投資家にとって正解となりうる**インデックス投資は、すぐにでも始めることが重要**です。

そして、積み立てを長期で継続することで、将来の資産形成のコア（軸）として確立していくシミュレーションをしてみてください。インデックス投資の利回りにもブレはありますが、**長期で見たときの確実性は、個別株投資と比較するとかなり高い**といえるでしょう。具体的なやり方については第3章で詳しくお伝えします。

個別株投資は、リスクが大きい分、大きなリターンを狙うことができます。

ただし、将来的に個別株で高い利回りを出すためには、経済、ビジネスについて学び、売買の経験が必要です。

そのためにいま最も重要なのは、**一刻も早く初心者から経験者へステップアップすること**です。株式投資のすべては、ここから始まるといっても過言ではありません。

投資をやったことがない人から、「個別株投資にはリスクがあるのできちんと学んでから投資をやったほうが安全ですよね？」と聞かれることがよくありますが、私の意見は違います。**「少額でいいので一度売買を経験したほうが早い。銘柄はなんでもいいです」**と答えます。

そんなことをしたら損してしまうのではないか、と思うかもしれません。

しかし、貯金ゼロの人が最初に株式投資に振り分けられる金額は、高くても数万円程度でしょう。仮にその資金で損をしたとしても、せいぜい数千円程度です。初めての投資で損をするのは嫌だと思いますが、**「売買に伴うリスクを経験する」というリ**

ターンに比べれば、数千円の損は大したリスクではありません。

スポーツでも仕事でも、ほかの人に何かを教えることを想像してみてください。相手がまったくの初心者なのか、あるいは一度だけでも経験があるのかによって、選ぶ言葉や説明する手順がかなり違います。**経験が一度でもある人と、一度も経験のないまったくの初心者では、学びの質に雲泥の差があります。**

まずはどんな形でもよいので売買の経験をして、初心者から経験者になることが、知識を効率よく取り入れていくための第一歩であり、その後のすべての運用利回りを高める重要な第一歩になるのです。

ガチ速FIREのポイント

すぐに投資を始めて初心者から経験者になる!

5

「小型成長株」が隠れた優良投資先であるこれだけの理由

リスクがあると思われがちな個別株投資が、じつは**「合理的な資産形成手段」**であることについて説明します。ここで個別株投資の「合理性」に納得ができないと、大きな成果が出るまで継続ができないでしょう。

まず、私が主に投資対象にしているのは**「小型成長株」**への投資です。本書では、「小型成長株」は、次の2つの条件を満たす株と考えます。

小型成長株の条件

①時価総額500億円以下（小さいほうが上昇余地が高い）
②売上、利益の成長が続いている

売上や利益がきちんと「成長」しているにもかかわらず、市場に見向きもされていない、成長に対して人気がない（あまり知られていない）小型成長株を探していきます。

このような株を対象にする理由は2つあります。1つ目の理由は、**株式投資のリスクとリターンは非対称的である**からです。これは小型成長株に限らず、個別株投資を行う理由になります。

個別株投資において、最大のリスクは、投資した会社が倒産し、株の値段がゼロになってしまうこと、つまり投資金額がゼロになることです。しかし裏を返せば、**10万円分の株を買っていた場合、10万円以上に損失が膨らむことはない**のです。

それに対して最大のリターンは青天井。株価が2倍以上、5倍、10倍と上がる株も存在します。

こう考えると、やはり個別株投資におけるリスクとリターンは非対称的であり、リターンのほうが大きいのです。

理由の2つ目は、**2倍を超えるような大きな株価上昇は小型株に起こりやすい**からです。

私たちがよく知っているような大型株でも、市場次第で株価が2倍以上に上がることはあります。しかし、これが3倍、5倍、10倍となると、大型株ではめったに起こりません。

そうした**大きな変化は、もとが小型株＋不人気株だった株が市場から注目され、人気化したタイミングで起こりやすい**のです。

テストでいつも成績トップの人が１００点をとってもそこまで驚かれませんが、いつもビリだった人が70点をとると、クラス全員が驚いてその人を見る目が急に変わります。株式市場の評価はそれに近いです。

いま人気のない株にちょっとしたポジティブなサプライズがあっただけで、市場の注目を浴び、株価は大きく跳ね上がるのです。

とはいえ、「2倍以上に上がる株なんてそうそうないんじゃない？」と思われる方もいらっしゃるでしょう。

日経平均の年間騰落率が▲9・4％だった2022年の1年間（2021年12月30日〜2022年12月30日）で株価が2倍以上上昇した銘柄が何銘柄あるかご存知でしょうか？

表1-1をご覧ください。

2倍以上に上がった銘柄は46銘柄、3倍以上は11銘柄もあるのです。そしてその銘柄のうち約80％が上昇後のいま（2023年1月時点）でも時価総額500億円以下の銘柄なのです。

さらに、表1-1で示されているのは、あくまでも2021年12月30日〜2022年12月30日でとった騰落率ですので、期間内での最安値から見た最高値は10倍を超える銘柄も珍しくはありません。

	銘柄名	市場	上昇率（%）
24	HANATOUR　JAPAN（6561）	東証G	140
25	グローバルセキュリティエキスパート（4417）	東証G	138
26	TWOSTONE&Sons（7352）	東証G	136
27	ガーラ（4777）	東証S	133
28	GCジョイコホールディングス（6249）	東証S	131
29	バルテス（4442）	東証G	128
30	ライフドリンク　カンパニー（2585）	東証P	127
31	和弘食品（2813）	東証S	127
32	トレンダーズ（6069）	東証G	125
33	日本駐車場開発（2353）	東証P	125
34	Abalance（3856）	東証S	114
35	グリーンズ（6547）	東証S	112
36	キャリアリンク（6070）	東証P	111
37	テイツー（7610）	東証S	110
38	ケイブ（3760）	東証S	110
39	JVCケンウッド（6632）	東証P	110
40	ティーケーピー（3479）	東証G	109
41	アミタホールディングス（2195）	東証G	107
42	アピリッツ（4174）	東証S	105
43	八千代工業（7298）	東証S	105
44	UEX（9888）	東証S	105
45	DMP（3652）	東証G	103
46	アイスタイル（3660）	東証P	101

表1-1 2022年に株価が2倍以上になった銘柄一覧

	銘柄名	市場	上昇率 (%)
1	キャンバス(4575)	東証G	549
2	タカトリ(6338)	東証S	483
3	円谷フィールズホールディングス(2767)	東証P	434
4	大阪チタニウムテクノロジーズ(5726)	東証P	391
5	ナガホリ(8139)	東証S	310
6	バンク・オブ・イノベーション(4393)	東証G	266
7	セイヒョー(2872)	東証S	251
8	リリカラ(9827)	東証S	250
9	アルメディオ(7859)	東証S	231
10	サンワカンパニー(3187)	東証G	228
11	アースインフィニティ(7692)	東証S	202
12	東邦チタニウム(5727)	東証P	195
13	マツモト(7901)	東証S	187
14	住石ホールディングス(1514)	東証S	181
15	買取王国(3181)	東証S	180
16	マミヤ・オーピー(7991)	東証S	166
17	広済堂ホールディングス(7868)	東証P	165
18	トレジャー・ファクトリー(3093)	東証P	157
19	日本製麻(3306)	東証S	154
20	ユークス(4334)	東証S	152
21	スポーツフィールド(7080)	東証G	151
22	KPPグループホールディングス(9274)	東証P	142
23	アクリート(4395)	東証G	140

小型株がここまで爆発的な成長を見せることがある理由は、株価の計算式が理解できればおのずと見えてきます。

株価の計算式

株価＝純利益（1株益）×期待値（PER）

重要なのは、**期待値（PER）**です。

大型株や人気のある株は、プロが投資対象としているため、情報も多く、ほぼ正確に期待値が株価に反映されています。

ところがそれが小型株になると、プロにとっては流動性が低すぎて投資対象にすることが難しく、情報量も少なく**正当な評価（期待値の上昇）を受けられないまま、放置されてしまうことが多々起こる**のです。

そんな中でも、市場平均を大きく上回るような成長を見せたり、大手企業との業務提携を発表したり、国策の本命銘柄としてピックアップされたりすると、**いままで低かった期待値がようやく評価されて大きな株価上昇につながりやすい**のです。

そういった点から、小型株からは大きな上昇が期待しやすい銘柄といえるでしょう。

もちろんすべての小型株が上がるわけではないので、第2章では、上がっている株の共通のポイントをさらに深掘りしていきます。

このような上昇の可能性が高い小型成長株を発掘して、分析して、ウォッチし続けて、少しでも有利なタイミングで5〜10銘柄程度に分散して投資を行います。そのうち**1銘柄でも2倍以上に上がるように取引を設定しておけば、細かい損切りがあったとしてもトータルで見たときに損失額よりも利益の金額が大きくなります**。

このように考えることで、小型成長株投資は「合理的な投資方法」だと納得し、継続することができています。

私は「投資をするか？」を見極めるうえで、この「合理的」という言葉を多用します。**投資における「合理的」というのはリスクよりもリターンが大きいこと**です。

「合理的である」と納得ができれば、「知識を学ぼう！」「経験を積もう！」「その先には大きな成果が待っているはずだ！」とモチベーションにつながり、行動を継続しやすいです。そのモチベーションを活力として、投資を継続し大きな成果につなげていきましょう！

ガチ速FIREのポイント

「合理的」という言葉が継続へのマジックワード

6

「家計管理」で一足先に効果を実感！

10年前の私は貯金がゼロでした。なぜゼロだったかというと、「管理」していなかったから。ただそれだけです。

毎月25日に給料が入ると、買いたいものを買う、友達と飲みに行くなどで支出が増え、給料日前になると残額を気にしながらなんとかギリギリで調整していました。毎月給料日直前の夕飯では、業務スーパーでグラム単価が最安だったパスタに納豆をかけて食べる貧乏飯で食い繋いでいた苦い記憶があります。

夕飯が貧乏飯かはさておき、**貯金ができていない人の大半が、10年前の私のように、「家計管理ができていない」というパターンに陥っている**のではないでしょうか。

本書で目指すサイドFIREのためには、家計管理が絶対に必要です。しかも、**家計管理はやったその月から確実な効果が出るので、ぜひ最初に取り組んでみてください。**

第5章では、より効果が出やすいテクニックについて詳しく述べていきますが、ここではいますぐやるべきことを1つだけお伝えします。

それは**「先取り貯金」**です。**給料が入ってきた段階で、あらかじめそれをなかったものとして自動的に貯金しておく方法**です。超王道ですが、これをやれば貯金が確実に増えていきます。あとはもうやるかやらないかです。

お金の本の王道ともいわれる『バビロンの大富豪』（グスコー出版）の中では、収入の10％を貯蓄に回す方法が紹介されていますし、日本の大富豪のひとりとして有名な本多静六氏の『私の財産告白』（実業之日本社）では、4分の1（25％）天引き貯金法が紹介されています。

残念なことに毎月の余剰金がゼロのままだと投資がスタートできません。元手がなければ投資のしようがないのです。

元手をつくるためには、お金が入ってきた時点でそのお金はなかったものとして「先取り」しないと継続も難しいでしょう。銀行の定額自動振込機能などを活用して**「自動化」**することがおすすめです。

人間は誘惑に弱い生き物です。目の前に誘惑があったら勝てません。先ほどの私の例のように、給料日直後はお金に余裕があるので、「欲しいものを買う」「行きたい場所に行く」というように無計画に消費してしまいがちです。

しかし給料日直前になって残額を意識せざるをえなくなると、結局は浪費して残ったお金の中でなんとか暮らせるものです。

そうであれば、**給料が入った時点でよけておけば、残金の中でなんとか暮らすことができる**のではないでしょうか？

先ほど名前を出した本多静六氏は『私の財産告白』の中でこのように述べています。

人生をより安全にし、生活をより健全にしようとするならば、むしろ一歩を退いて――事実は一歩を進めて――実力以下の銅なり、鉄なりの生活から出発していくべきだろうではないか。

身の丈にあった生活よりも、もう一歩引いた生活から始めることができれば健全な生活が送れるようになるということです。

なので、**始めから「先取り」して、「誘惑に弱い自分」が入り込めない仕組みを構築してしまいましょう。**いまこの瞬間から設定してしまえば、いままでできなかった貯金への道が開きます。**来月にはもう貯金ゼロを卒業**できます。

10年前の私も、まずはここから始めました。始めは収入の25%を貯金することは難しかったので、バビロンの大富豪の教えのように、**収入の「10%」を先取り貯金することから実践し、すぐに貯金が増え始めました**（自動化されているので当たり前ですが）。

以前と同じように給料日は待ち遠しかったですが、**いままで得られなかった「お金

が貯まっていく」という安心感は、レベルアップしたような自信につながりました。

ロールプレイングゲームと同じようにお金も考えてみると、楽しくサイドFIREに向かっていけるかもしれませんね！

ガチ速FIREのポイント

まずは「先取り貯金」から始めよう！

7

「副業」でＦＩＲＥへの道のりをショートカット

あなたが**早期にサイドＦＩＲＥを実現したいのであれば、「副業」が重要な鍵を握る**でしょう。

副業を始めることの意味は、収入を上げることです。収入が上がっても、支出が変わらなければ、「入金率」を上昇させることが可能になります。

家計管理で生活レベルを落とさない程度に支出を削り、副業で収入が上がれば、投資資金の上昇には「収入増×支出減」のレバレッジ効果が働き、魔法がかかったように大きく資産を増やすことができます。

図1-3 積立金額と運用成果の推移（毎月3万円積立）

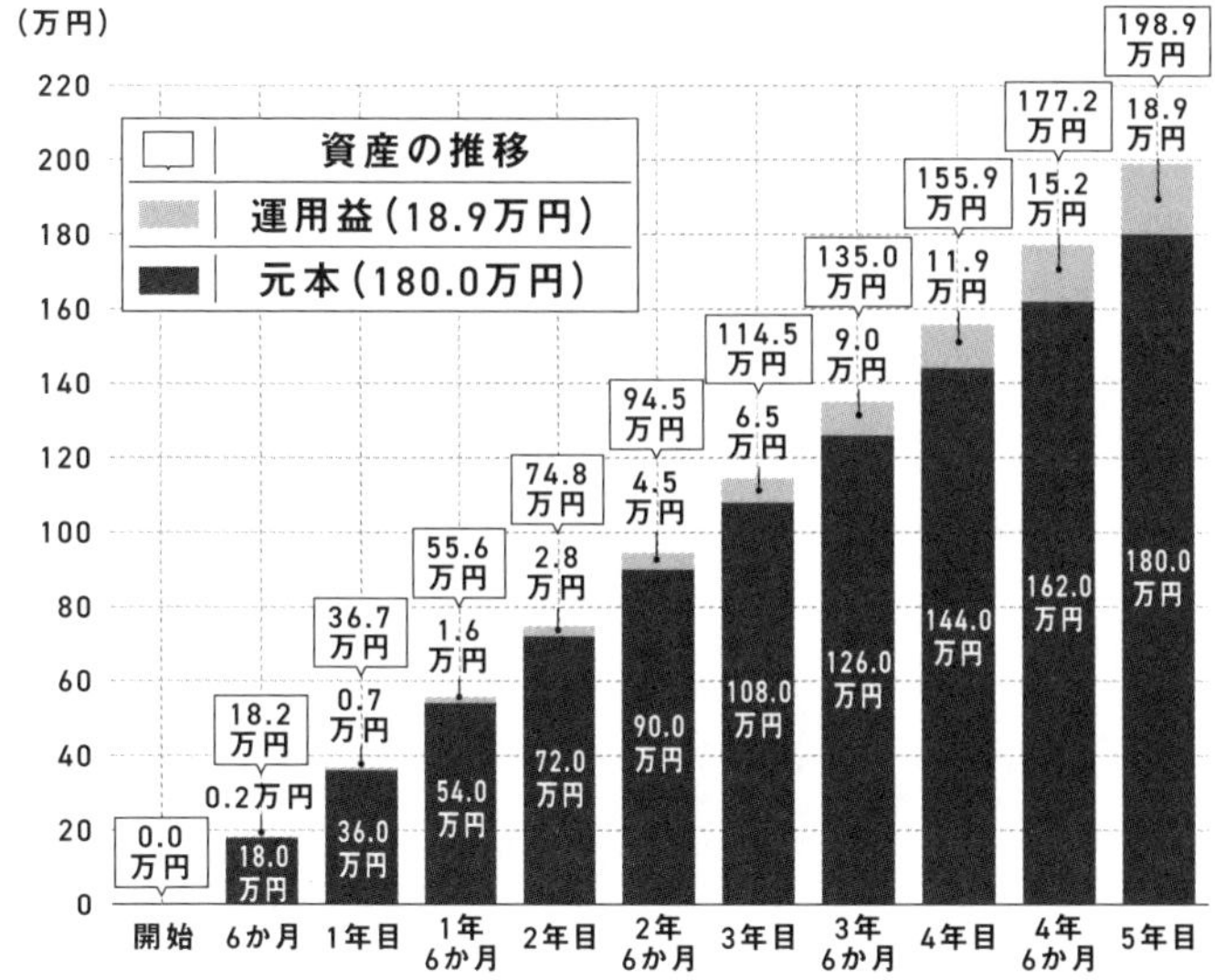

副業の効果を実感していただくために、30代男性の一般的なイメージでざっくりとシミュレーションしてみます。

手取り月収30万円、月間の生活費27万円として、毎月3万円（収入の10%）を投資資金にあてられているとします。毎月3万円を5年間、インデックス投資（利回り4%計算）で複利運用した場合、積み立て金額と運用成果の推移は図1-3のようになります。

元本は計180万円で、運用益が18・9万円、合計198・9万円となりました。

この結果でも素晴らしいですが、**こ**

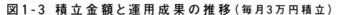

図1-4　積立金額と運用成果の推移（毎月16万円積立）

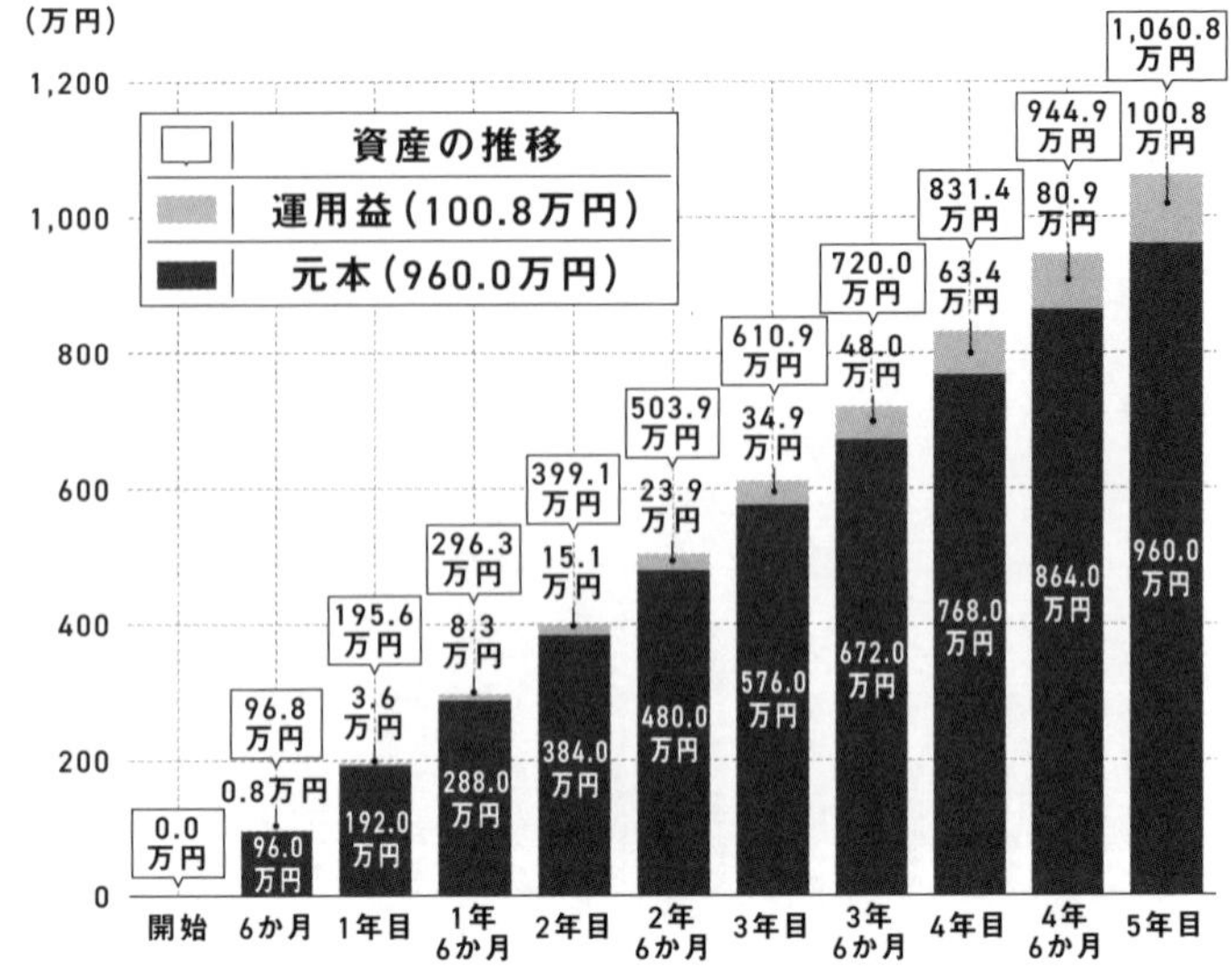

れでは5年でサイドFIREするにはスピードが明らかに不足しているということに気がつきます。

では、生活費を3万円見直すことができ、本業のほかに副業で月10万円の手取り収入があった場合、このシミュレーションはどう変わるでしょうか。

本業の手取り月収30万円＋副業の手取り月収10万円、月間の生活費24万円として、毎月16万円を投資資金にあてられているとします。この場合の積立金額と運用成果の推移は図1−4のようになります。

元本は計960万円で、運用益が

１００・８万円、合計１０６０・８万円となりました。

副業と家計管理をしなかった場合の１９８・９万円に対して、副業と家計管理の両方を行った場合は１０６０・８万円ですので、**なんと5倍以上の差**になりました。

運用方法は同じインデックス投資の利回り4％（手堅く誰にでもできる方法）にもかかわらず、驚くほど結果が異なります。

これこそがＦＩＲＥの計算式を正しく理解することの最大のメリットになります。

副業収入を少し増やして家計管理を少し削るだけ（1つひとつの難易度はそれほど高くない）で、投資資金増にレバレッジ効果がかかり、そこに5年の複利効果が重なります。この魔法で短期の資産形成を目指していくことが重要なのです。

しかし、副業に高いハードルを感じている方は多いように感じます。

- 何をしたらいいかわからない
- 自分には才能がない

・自分には時間がない
・成果が見えなくて継続できない

副業をすすめると、言い出したらキリがないくらい、「〜ない」という言葉が出てきます。過去の私も同じように言い訳ばかりで先送りしていました。でもなぜ私は副業を軌道に乗せ、サイドFIREまで道のりを短縮できたのでしょうか？

単純に、**成功している人の真似をした**からです。ありがたいことに、YouTubeやSNSで成功している人はたくさんいて、**そのまま真似するだけでも十分に副業収入を得ることは可能**です。

残念ながら、日本の平均年収は過去30年ほどほぼ増えていない状態が続いています。職種にもよりますが、本業収入が増えにくい日本において、副業による収入増は、資産収入増に非常に大きな影響を与えるのです。

あなたは本当に5年でサイドFIREを達成したいですか？

もしもこの質問にＹＥＳと答えるならば、副業は避けては通れません。

しかし安心してください。**いまは費用がほとんどかからなく始めやすい副業が多く、収益化にかかる時間がどんどん短くなってきています。**やらない手はない、本当にそういう時代です。

ぜひ勇気を出して、一歩踏み出してみましょう！

ガチ速FIREのポイント

副業で収入が上がると、資産収入の増加速度が急加速する！

8

目標を叶える超シンプルだけど効果的な習慣

ここで、目標を叶えるための最初の超シンプルだけど効果的な方法をご紹介します。この方法は、**1回2〜3分程度しかかからないので毎日継続してみることをおすすめ**します。それは、

目標を毎日紙に書く

というものです。

「なんだ、そんなこと本当に効果あるの？」と思われるかもしれません。

２０２１年にｂｏｎｄａｖｉが行った「新年の抱負の実態調査アンケート」という調査でおもしろい結果が出ていましたのでご紹介します。

調査によれば、新年に立てた目標を達成できた人はわずか19％、達成できなかった人は37％。そして42％はなんと、目標を覚えていませんでした。

ほとんどの人の目標が叶わない理由は、じつは「目標を忘れてしまうこと」が原因のようです。そして、１日たった3分間、目標を紙に書くことで、忘れることだけは回避できます。

さらに、元メジャーリーガーのイチロー選手は、小学校の卒業文集に「一流のプロ野球選手になって、西武ライオンズか中日ドラゴンズに契約金１億円で入団する」と書いていたことをご存知の方は多いのではないでしょうか。

また、現メジャーリーガーであり、二刀流で活躍している大谷翔平選手は「マンダラチャート」という目標達成シートを記入していたことも有名です。

このように、**成功している人は、目標が具体的で忘れることがありません。**

目標を忘れないからこそ、日々目標に向かって行動と継続ができ、複利効果でどんどん成長していくことができるのです。忘れないだけでなく、日々目標を見返し続けているので、**いまの自分に合った目標にアップデートすることができます。**

これらのことから、目標を毎日紙に書くことには、次の2つの意味があることがわかります。

> ## 毎日目標を紙に書く意味
> ①目標を忘れずに継続すること
> ②目標を具体的に進化させること

いますぐ目標を具体的にしろといわれて、書くことはできますか？

10年前の自分はなんとなく生きてきたので、当然具体的な目標を問われても書くことはできませんでした。

しかし、毎日目標を書き続けていると、「目標はこれでいいのか？」「目標を達成するためには何が必要なのか？」と、毎日自分に問い続けることになります。

つねにアンテナが立っている状態になり、日々の思考、行動の中で目標に関係するさまざまなことに気がつけるようになってきます。

このことを**カラーバス効果**といいます。カラーバス効果とは、特定のことを意識し始めると、日常の中でその特定のことに関する情報が自然と目にとどまるようになる現象のことです。

たとえば、「株式投資で年間１００万円の利益を出す！」と毎日書き続けていると、書店に行ったときには株に関する書籍に目が留まり、買い物中に上場会社の名前を見れば「投資対象としてどうか？」と投資家目線で分析が始まる、といった具合です。

目標を忘れなければ、思考量と行動量は必然的に増え、うまくいく確率を確実に上げることができます。ここは騙されたと思って、毎日楽しみながら目標を書いていきましょう！

とはいえ、「どのように目標を書けばいいのか？」と悩んでしまう人もいるかと思います。ここで私が目標を書く際に意識している3つのポイントをご紹介しておきます。

目標を書くときに意識するポイント

①3分以内に書き終える
②ワクワクする目標を書く
③私は◯◯する（になる）という言い切りの文章にする

順番に解説していきます。

1　3分以内に書き終える

これは、毎日紙に目標を書くハードルを下げて継続するためです。目標を書くために時間を削りすぎないでください。あくまでも忘れないため。目標を書くのは簡単でいいので、それ以上に**毎日続ける**ことを意識しましょう。

2　ワクワクする目標を書く

「ワクワクする目標」とは、**いまのままでは届かないけれど、努力すれば達成できる目標**、ということです。たとえば、「月収30万円を月収50万円にする」などです。

これをいきなり「億り人になりたい！」と書いても、遠すぎてなかなか具体的な行動につながらず、ワクワクしなくなってしまいます。

より目標を具体的なステップに落とし込むために、具体的なワクワクできる目標を意識しましょう！

図1-5　実際に私が紙に書いた目標

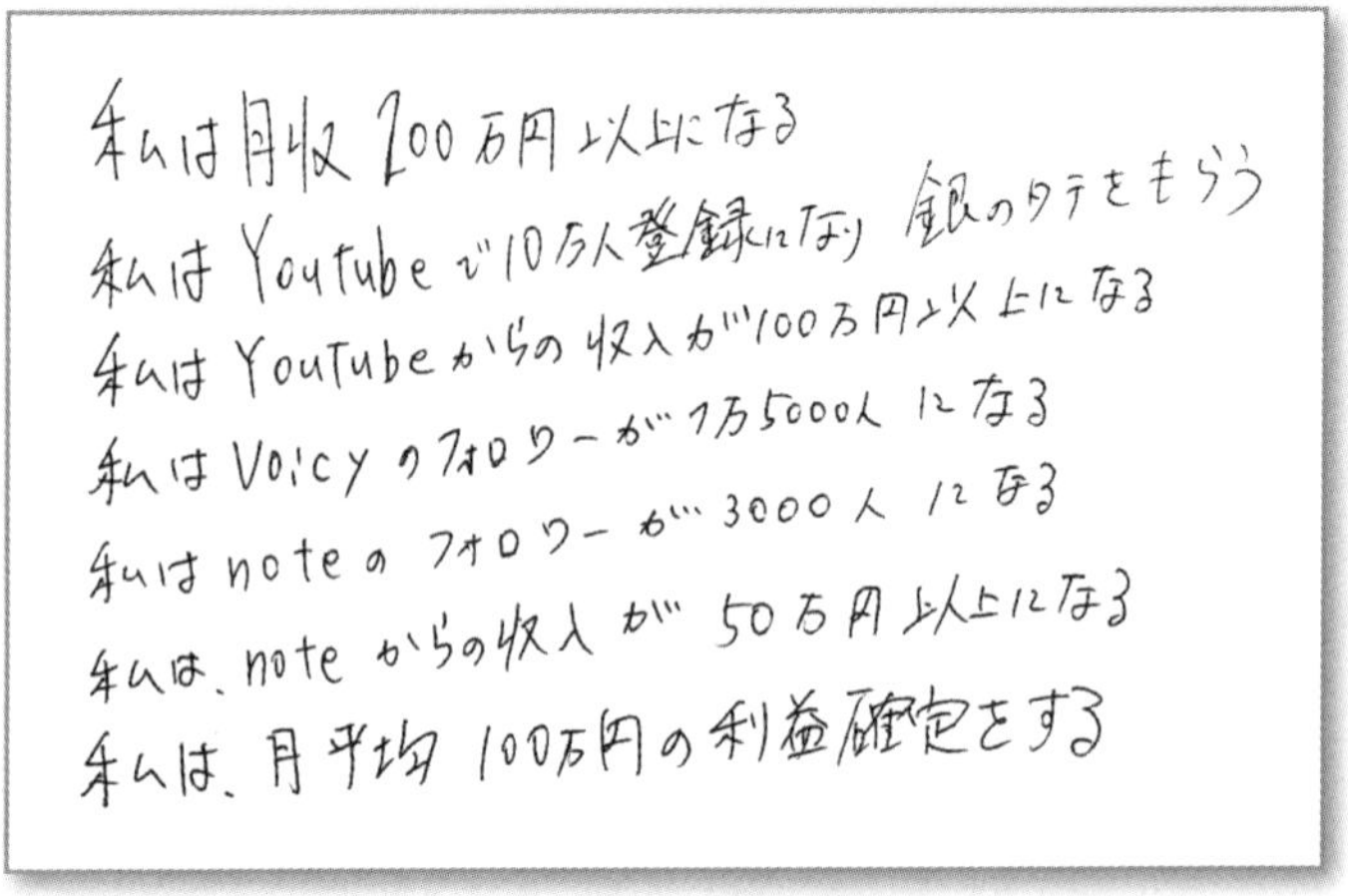

私は月収200万円以上になる
私はYoutubeで10万人登録になり銀のタテをもらう
私はYoutubeからの収入が100万円以上になる
私はVoicyのフォロワーが1万5000人になる
私はnoteのフォロワーが3000人になる
私は、noteからの収入が50万円以上になる
私は、月平均100万円の利益確定をする

3　私は○○する（になる）という言い切りの文章にする

自分が目標を達成しているところを見てきたかのように、目標は言い切りましょう。このように結果を先にイメージすることで、脳はその状態に近づこうとします。そして自分の潜在意識に目標を刷り込むためです。また日々の誘惑に対する抵抗力を高める効果もあるでしょう。

5年でサイドFIREを目指すことは、一般的には高いハードルです。そのためには日常生活の中で捨てなければならない代償（娯楽の時間）があります。それは目標達成のためです。

それを意識するためにも、「私は〇〇する（になる）」と自分に言い切り、目標の達成に近づきましょう。

このワークと同時に、「満員電車に乗りたくない」「会議だけで1日終わるのは嫌だ」など、「やりたくないこと」を書き出すこともおすすめします。やりたいことに向かう途中に「やりたくないこと」も含まれている可能性が高いためです。

自分のやりたくないことをはっきりさせると、それらを避ける方法が見えてくるかもしれないし、工夫をしてハードルを低くできるかもしれません。

「やりたいこと」のために「やりたくないこと」も書いてみましょう。

ガチ速FIREのポイント

毎日目標を紙に書き続けることが成功への近道！

9
「目標のセンターピン」を意識して、雪だるま式の目標達成を目指す！

第1章の最後に大切なアクションがあります。それは**「目標のセンターピン」**を意識するということです。

「センターピン」というのは、**ボウリングの真ん中のピンのように、その目標が叶うとほかの目標も叶っていき、より大きな最終目標まで叶ってしまうような目標**のことです。

5年でサイドFIREという最終目標を実現するためのセンターピンは何か、考えてみましょう。

もし私が10年前に戻ったとして、**センターピンに置いたほうがいいと思うのは、**

「投資資金を増やす」ことです。

投資資金を増やすことに注力すると、家計管理をして支出をコントロールし、副業にチャレンジして収入を増やすことになります。すると、インデックス投資と個別株投資の幅が広がります。

また複利効果を考えると、なるべく早い段階で投資資金を用意できることがガチ速ＦＩＲＥ戦略の最大のキーポイントになります。

このように、正確にセンターピンをとらえることができれば、１つの目標達成で複数の目標を同時に叶えることができるのですから、これこそ**レバレッジの効いた思考**といえるでしょう。

目標のセンターピンをとらえ、複利効果もレバレッジ効果も効いた目標達成をして、５年でサイドＦＩＲＥを達成する目標をグッとたぐり寄せましょう！

ガチ速
FIRE の
ポイント

「目標のセンターピン」が決まれば、目標達成にもレバレッジ効果が作用する

第2章

資産収入アップ①
攻めの「小型成長株投資」で
資産大幅増を狙う

10

小型成長株投資の可能性は無限大！

第2章では、攻めの小型成長株投資について解説していきます。本書では、私の経験に基づいて話していくため、最初に個別株投資の説明から入ります。

なぜ個別株投資から入るのでしょうか？

それには理由があります。個別株投資には、次の3つのメリットがあります。

個別株投資のメリット

①リターンが大きく、資産を急増させる可能性がある

②家計管理や副業にも活かせる学びがある
③インデックス投資よりもだんぜん楽しい！

こうした3つのメリットから、最初に個別株投資を検討することをおすすめしています。

個別株投資の1つ目のメリット、**リターンが大きく資産を急増させる可能性がある**、ということについて詳しく見ていきましょう。

まず、個別株投資を始めるにあたって知っておいてほしい前提知識があります。

野村総合研究所が調べた2021年の日本の純金融資産保有額の推計（図2-1）によると、1億円以上の純金融資産を持つ人は148・5万世帯と、全体（5413・4万世帯）のわずか2・7％にしかすぎません。

表2-1は、2005年から2021年にかけての階層別世帯数の推移を示してい

図2-1　純金融資産保有額の階層別にみた保有資産規模と世帯数

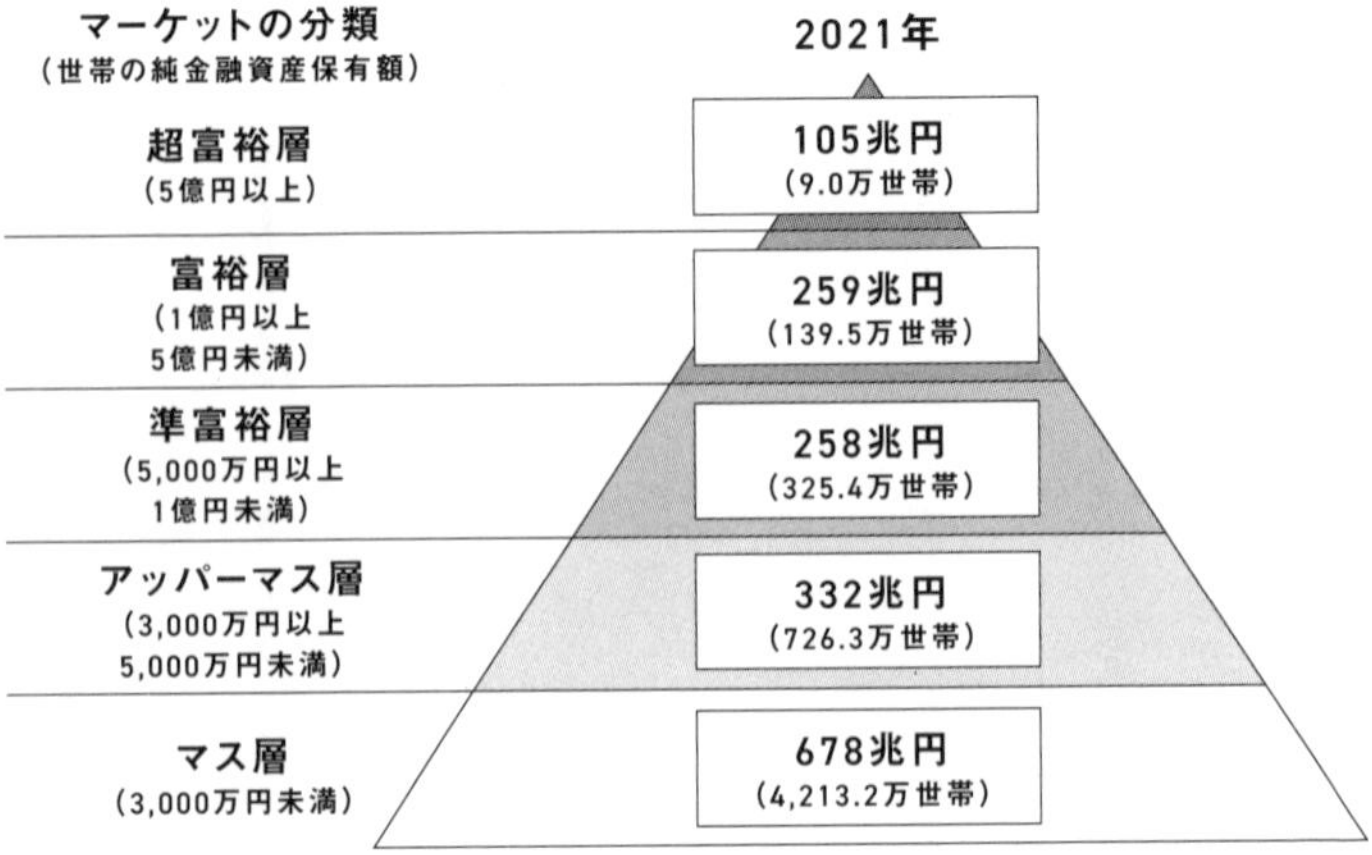

（出所）野村総合研究所

ます。

　このデータには2つの傾向があります。1つ目は**富裕層が増え続けていること**、2つ目は**マス層も増え続けていること**です。

　調査の中ではその要因として株式などの資産価格の上昇が挙げられています。

　一方で、純金融資産3000万円以下のマス層も一貫して増加傾向が続いています。このことから金融格差が拡大していることが想像されます。

　株式投資を学び、実行している人と、知らずにやらない人の間には差が広がり続けているのです。株式投資を始める意義がよくわかるデータです。

日本の個人投資家の中でも資産1億円を超える「億り人」と呼ばれる人は多数います。その方々が**大きな成果を残したきっかけを調べると、「個別株」への集中投資によって短期間で資産を何倍にも増やした方が多い**です。

第3章で「インデックス投資」についての重要性もお伝えしていくのですが、**インデックス投資はとにかく「ラク」で「手堅く」資産形成ができる分、期待できる運用利回りは3〜8%と低め**です。

資産運用の世界には、**「72の法則」**という法則があります。**72を利回りで割ることで、資産が2倍になるまでのおおまかな期間がわかる、**という法則です。

72の法則

72÷利回り（%）≒資産が2倍になる期間

規模と世帯数の推移

2011年	2013年	2015年	2017年	2019年	2021年
44	73	75	84	97	105
5.0	5.4	7.3	8.4	8.7	9.0
144	168	197	215	236	259
76.0	95.3	114.4	118.3	124.0	139.5
196	242	245	247	255	258
268.7	315.2	314.9	322.2	341.8	325.4
254	264	282	320	310	332
638.4	651.7	680.8	720.3	712.1	726.3
500	539	603	673	656	678
4,048.2	4,182.7	4,173.0	4,203.1	4,215.7	4,213.2

72の法則によると、利回り3〜8%の場合、資産を2倍にするまでには9〜24年かかる計算になります。本書で目指しているのは資産2倍ではなくサイドFIREで、期間は9年ではなくて5年です。

その点から見れば、どうしても**インデックス投資1本では足りません。**

だからこそ、家計管理で支出を見直し、副業で少しでも稼ぎを上げることで入金率にレバレッジをかけて、インデックス投資で軸をつくりつつ、個別株投資にも資金を振り分けて利回りの上昇を目指します。具体的には、**個別**

表2-1 純金融資産保有額の階層別にみた保有資産

〈分類〉		2005年	2007年	2009年
超富裕層	純金融資産（兆円）	46	65	45
	世帯数（万世帯）	5.2	6.1	5.0
富裕層	純金融資産（兆円）	167	189	150
	世帯数（万世帯）	81.3	84.2	79.5
準富裕層	純金融資産（兆円）	182	195	181
	世帯数（万世帯）	280.4	271.1	269.8
アッパーマス層	純金融資産（兆円）	246	254	225
	世帯数（万世帯）	701.9	659.8	639.2
マス層	純金融資産（兆円）	512	470	480
	世帯数（万世帯）	3,831.5	3,940.0	4,015.8

（出所）野村総合研究所

株投資では10〜20％の利回りを目指します。

自分にはそんなことはできないと思われる方もいるかもしれないのですが、ここでお伝えしたいのは、1億円とか10億円まで個別株投資で資産を増やそう、という話ではなく、「個別株で見ると2倍以上に上がる株がゴロゴロある！」ということです。

「そんなにうまくいくものかな？」と疑問に思っている人もいるかと思います。そうです。そんなにうまくいく話ではありません。当然損をするリスクもあります。

ですが、**個別株投資のリスクとリターンは非対称的**です。個別株に投資をした場合の最大のリスクは、投資した会社が倒産してしまい、持っていた株が紙屑になることです。そう、価値がゼロになることが最大のリスクなのです。

それ以上のリスクは投資家にはないので、**どんな失敗をしても、どんなに損をしても投資したお金の損失が投資金額の１００％を超えることはありません**（信用取引の場合はこの限りではありません）。

一方で、リターンはどうでしょうか。第1章で見たとおり、２０２２年の年間騰落率ランキング上位11銘柄は3倍を超える上昇を見せていますし、２倍を超える銘柄は46銘柄も存在します。

このように**最大のリスクが１００％に対して、最大のリターンは青天井である個別株には無限の可能性がある**のです。

また、このような**2倍以上の上昇となりやすいのが、小型成長株**です。

小型株は情報量も少なく、正当な評価（期待値の上昇）を受けられないまま、放置されがちです。しかし、まれに市場平均を大きく上回るような成長を見せる場合があります。

そんなとき、いままで低かった期待値がようやく評価されて大きな株価上昇につながりやすいのです。

大きな上昇を狙えるような銘柄を探し出して、個別株投資のための資金のうち、数銘柄程度に分散投資しておけば、そのうちの**1銘柄でも2倍以上に成長してくれるだけで、全体の運用利回りアップに十分に貢献し、利回り10〜20%という高い目標を達成することができる**のです。

このように、秘められた高い成長性が個別株投資の最大のメリットです。

具体的な戦略はこのあと細かく見ていきますが、まずは大枠としてこの戦略に自分自身が合理性を感じることができるでしょうか？

この戦略の場合、**「損切り」が重要な鍵を握ります**。投資の鉄則は、損を小さくして利益を大きくする**「損小利大」**です。2倍以上の株価を得るために、同じくらい大きな損失を出してしまうとカバーできなくなってしまいます。

そのためには的確な投資ルールも重要になり、合理性を感じることができているからこそ、このルールを守ることができるようになります。

だからこそ、小型成長株への投資術が合理的であると理解することが大切なのです。

ガチ速FIREのポイント

小型成長株投資で合理的に利回り10～20%を目指す

11

個別株投資の流れ①

銘柄発掘の方法

ここからは個別株投資の流れについて見ていきましょう。まずは**銘柄の発掘**を行います。**銘柄の発掘とは、投資候補銘柄を探し出す作業**です。

私がおすすめする方法は、**『会社四季報』を使った発掘方法**です。

会社四季報とは、東洋経済新報社が3か月に一度発売する、全上場企業の最新の財務や業績データが掲載されているデータブックであり、個人投資家のバイブルと呼ばれています。

私は会社四季報を定期購読して、毎号定期的に読み続けることを習慣にしています。

この話をすると、「いまの時代に紙面では効率が悪いのでは？」といわれることがあります。

しかし、私はいまでも**紙面の有効性**を高く実感しています。それは、私の投資対象が「小型成長株」だからです。

私が探し求めている「小型成長株」は、大型株に比べて注目度が低いため、アナリストがレポートをしていたり、ニュースなどで取り上げられる回数も少ないです。だからこそ、成長に対する期待が低いまま、割安で市場で放置される銘柄が存在します。

そんな**小型成長株の貴重な情報源は、紙面の会社四季報**です。

紙面の会社四季報を読む最大のメリットは、「全銘柄の情報量が同じ」という点です。

日本一の時価総額を誇るトヨタ自動車（7203）でも、つねに売買代金がトップである半導体製造装置メーカーのレーザーテック（6920）でも、時価総額30億円以下のほとんど誰も知らないような小型株でも、同じ情報量で掲載されているため、最新の業績、財務、各指標をもとに投資候補銘柄として分析ができます。

図2-2　会社四季報のサンプル

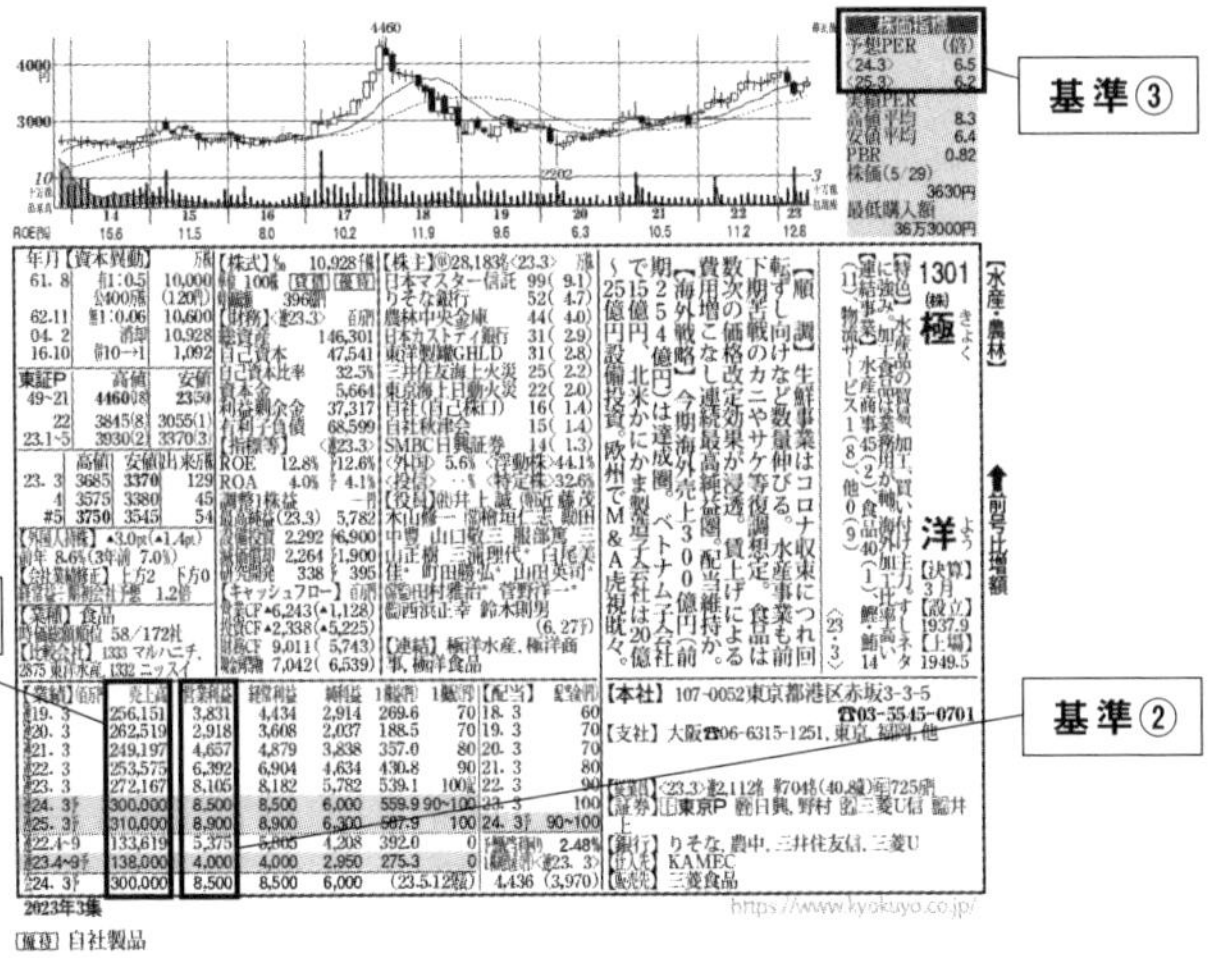

２０２３年現在、日本の上場企業は実に３９００銘柄を超えます。その銘柄数を対象として、有望な小型成長株を会社四季報から探していく作業は、決してラクな作業ではないかもしれません。**まずマイペースに、できる範囲で、楽しみながら会社四季報を読んでみるといい**と思います。そのうち、会社四季報にも慣れてくるでしょう。

それでは、会社四季報を使った発掘方法について説明していきます。基本的に、会社四季報を頭から読み、次の３つの基準をクリアしている銘柄を探していきます（図２－２）。

目をつける銘柄の3つの基準

基準①　3期平均の成長率が10％以上
基準②　売上高営業利益率が10％以上
基準③　予想PERが高すぎない（目安は20倍以下）

それぞれ、詳しく見ていきましょう。

基準①――3期平均の成長率が10％以上

会社四季報には、会社が出している期の業績予想に加え、さらに1年先の来期予想を独自予想として掲載しています。ここも会社四季報を読むメリットといえるでしょう。

この来期予想も含めた**前期→今期予想→来期予想の平均成長率を、売上高と営業利益の両方において算出**します。

売上高成長率の計算式

(今期売上高 − 前期売上高)÷ 前期売上高 × 100

営業利益成長率の計算式

(今期営業利益 − 前期営業利益)÷ 前期営業利益 × 100

ともに10%を超える企業に付箋をつけてウォッチしていくイメージです。

この基準は、3つの基準の中でも重要度が最も高い基準です。

株価の計算式は「純利益 × PER」です。**成長率は純利益に大きく関係するため、株価への影響力が大きい**のです。

さらに、成長率はＰＥＲにも影響を与えます。ＰＥＲは「期待値」という側面があり、期待値の上昇は「成長期待」から生まれる部分が大きいです。そのため、**成長を分析することは結果としてＰＥＲへの分析につながっていきます。**

基準②━売上高営業利益率が10％以上

売上高営業利益率とは、売上高に対して営業利益（本業からの利益）が何％残っているかを見るものです。

売上高営業利益率の計算式

営業利益 ÷ 売上高 × １００

この売上高営業利益率が10％を超えているかどうか、が２つ目の基準です。

利益率の高さを確認する理由は、その企業の**「強みの有無」**を確認するためです。

基準①で業績の成長率を確認しましたが、その成長が一過性では、市場の期待値（ＰＥＲ）が上がらず株価の上昇にもつながりにくく、もし株価が上がったとしても期待に応えることができずに株価が下落するきっかけとなってしまいます。

利益率を確認する際のポイントは２つあります。**一般的な基準（3～5％）よりも高い**ことと、**同業他社よりも高い**ことです。

どちらも一貫して満たされている企業は、ほかの会社とは違う「独自の強み」を有している可能性が高いため、現段階ではウォッチ銘柄に入れる価値があると考えます。多くの場合、10％を超えていれば前述の２つのポイントを満たしています。

基準③――予想ＰＥＲが高すぎない（目安は20倍以下）

ＰＥＲには２つの視点があります。**ＰＥＲを割安性の指標として使う**のが１つ目の視点で、「15倍より小さければ割安な銘柄である」のように判断できます。ＰＥＲが高すぎる株式は過熱した状態とみなすことができます。

もう1つの視点は、**ＰＥＲを意味どおり、市場からの期待値としてとらえる**視点です。ＰＥＲが低すぎると、期待が低く成長が見込めないと考えます。

以上のように、相反する2つの視点がＰＥＲにはありますが、私はその中間でＰＥＲをとらえています。私が**目安にしているＰＥＲの数値は、20倍以下**です。20倍だと標準的な基準である15倍を超えているので、ＰＥＲを割安性の指標としてとらえると、割高になります。しかし、未来の成長を折り込むと、ちょうどいい水準ではないかと経験的に感じています。

あくまでも1つの目安ではありますが、もしもＰＥＲ15倍を基準とするならば、次のように考えることができます。

・利益が将来も維持できる→ＰＥＲ15倍
・近い将来利益が2倍くらいになる→ＰＥＲ30倍
・近い将来利益が3倍くらいになる→ＰＥＲ45倍

ＰＥＲはあくまでも期待値であり、正確な値を算出することは不可能です。そのため、**一貫した基準を持っておかないと、割安なのか割高なのか、の判断を一貫して行うことができなくなり、大きな上昇を逃すことになりかねません。**

ウォッチする銘柄を発掘できたら、次はそれらの分析を深めていきましょう！

ガチ速FIREのポイント

会社四季報から基準をつくって銘柄を発掘しよう

12

個別株投資の流れ②

ウォッチリストへの登録

このパートでは、発掘した銘柄を、**「ウォッチリスト」**に入れて管理する方法を解説します。

発掘しただけではまだ投資をしていませんし、発掘時がその株の買いタイミングとは限りません。なので、**「いいかも」と思った銘柄を忘れないようにツールを利用して「ウォッチリスト」を作成します。**

「ウォッチリスト」の登録をするために私が活用しているツールは、**会社四季報オンライン**（月額１１００円）と**株探プレミアム**（月額２４６０円）と**楽天証券のMARKETSPEED**（Mac版）と**iSPEED**（モバイル版）です。

図2-3 発掘した銘柄を検索する

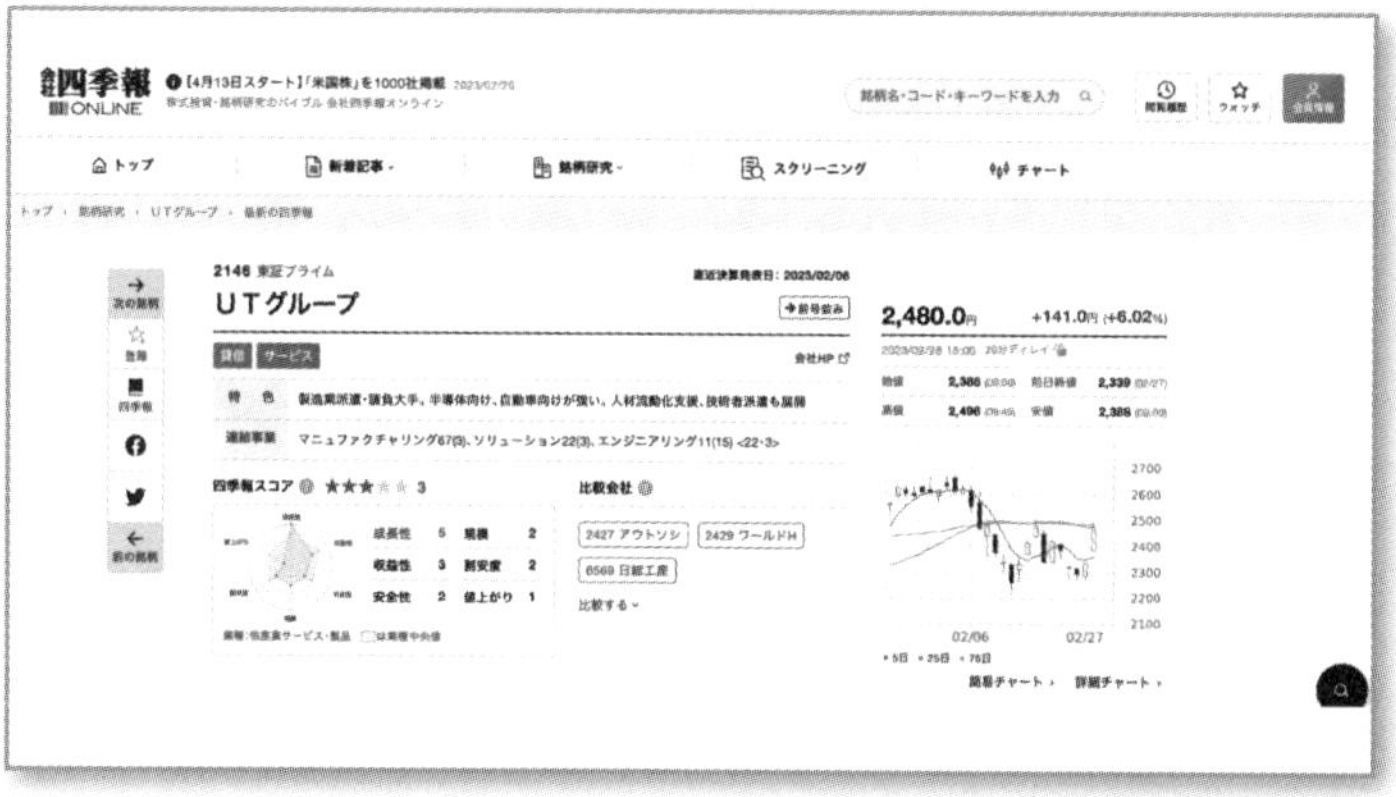

この中で、**四季報オンラインと株探プレミアムは有料ですが、間違いはないツールなので、費用的に問題のない方はぜひ、最初から使ってみることをおすすめします。**

「最初はどうしても無料ツールで！」という方は、各証券会社（ここでは楽天証券）のツールを使ってみるとよいでしょう。

ここでは、「四季報オンライン」を例にウォッチリストへの登録方法や登録するメリットについて解説していきます。

会社四季報を見ながら、先ほどの3つの基準を満たす銘柄があった場合、**四季報オンライントップページから「証券コード」を使って発掘した銘柄を検索**します（図2-3）。銘柄名でも

図2-4 「簡易チャート」でチャートの形状をチェック

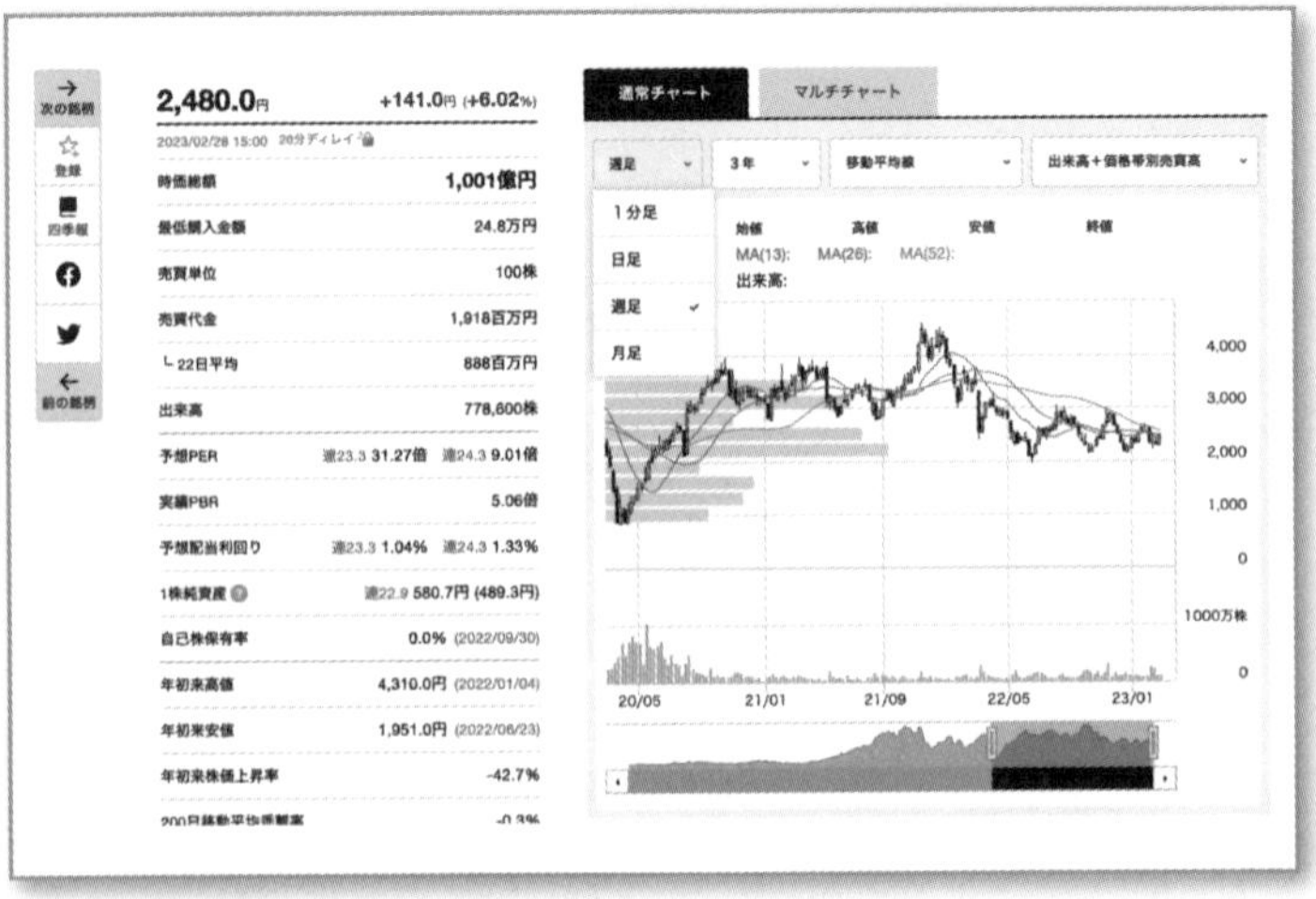

検索できますが、効率性を考えて証券コードで検索する癖をつけましょう。

あわせて、チャートの形状も確認したいので、「簡易チャート」で確認します。ここでは「週足チャート」をチェックし、**「ここ3か月で売買する可能性があるか？」を検討**します（図2-4）。詳しいチャートの見方はあらためて後述していきます。

チャートの条件が満たされていたら、左側の星印（登録）をクリックします。そうすると、グループ選択の画面になるので、該当するグループにウォッチ銘柄を登録していきましょう（図2-5）。

登録する際のグループ名は自分で編集することができます。私の場合は、「○月四

図2-5 登録するグループを選択する

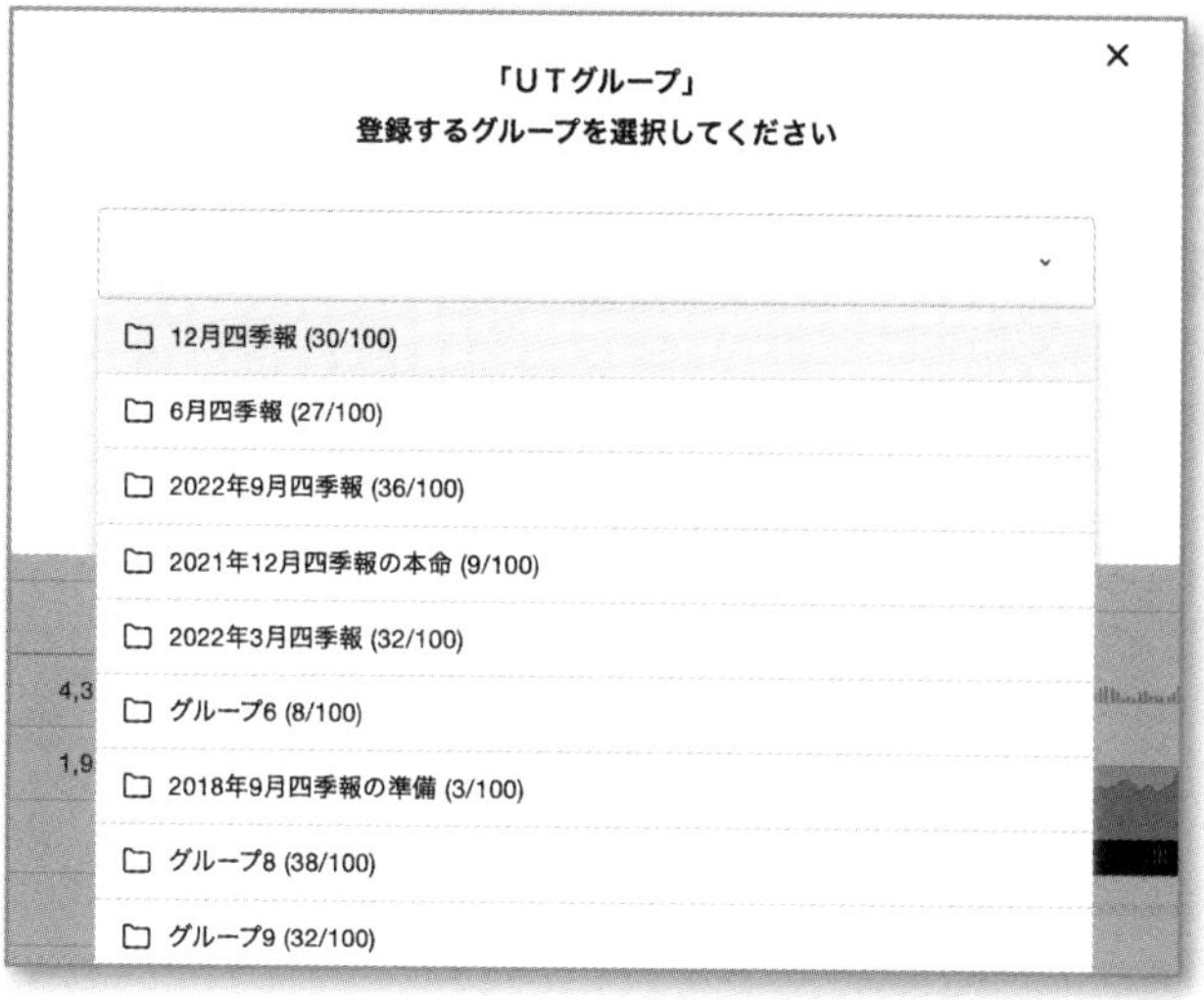

季報」のような名前をつけて、四季報ごとにリストを分けています。

また、多くのツールに共通していますが、1つのグループ（フォルダ）への登録数の上限は100銘柄になっています。**ウォッチ銘柄はどんなに多くても100銘柄以内に絞る**ようにしましょう。

投資を読み始めた当初は「どんなチャンスも逃したくない」という気持ちで、たくさんの銘柄を残してしまいがちです。

しかし、管理しきれないほどの銘柄をウォッチリストに登録しても、限られた資金の中でどこに投資をしていいか、照

図2-6 取得価格と仮の保有株数も一緒に入力しておく

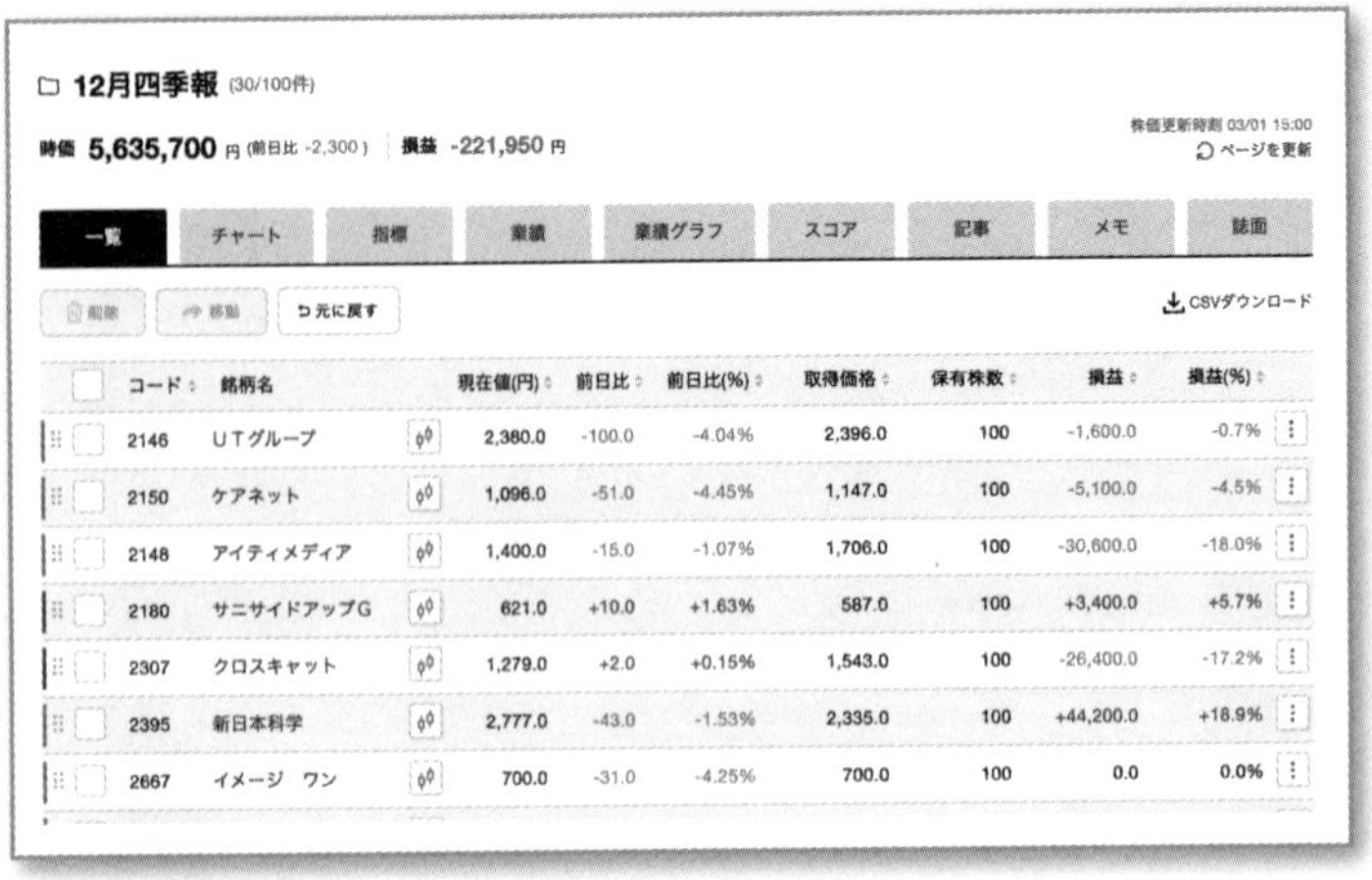

12月四季報 (30/100件)

時価 5,635,700 円 (前日比 -2,300) 損益 -221,950 円

株価更新時刻 03/01 15:00 ページを更新

一覧 チャート 指標 業績 業績グラフ スコア 記事 メモ 誌面

削除 移動 元に戻す CSVダウンロード

コード	銘柄名	現在値(円)	前日比	前日比(%)	取得価格	保有株数	損益	損益(%)
2146	UTグループ	2,380.0	-100.0	-4.04%	2,396.0	100	-1,600.0	-0.7%
2150	ケアネット	1,096.0	-51.0	-4.45%	1,147.0	100	-5,100.0	-4.5%
2148	アイティメディア	1,400.0	-15.0	-1.07%	1,706.0	100	-30,600.0	-18.0%
2180	サニサイドアップG	621.0	+10.0	+1.63%	587.0	100	+3,400.0	+5.7%
2307	クロスキャット	1,279.0	+2.0	+0.15%	1,543.0	100	-26,400.0	-17.2%
2395	新日本科学	2,777.0	-43.0	-1.53%	2,335.0	100	+44,200.0	+18.9%
2667	イメージ ワン	700.0	-31.0	-4.25%	700.0	100	0.0	0.0%

準が定まりません。より厳しい基準を持って、より優秀な銘柄に絞り込むことが、成果を残す秘訣なのです。

ウォッチリストへ銘柄登録が終わったら、取得価格と保有株数（仮に100株とする）を入力しておきます。この入力を行うと、リスト登録時（四季報発売日）からの騰落の状況を見ることができ便利なので、余裕があれば同時に登録しておきましょう（図2-6）。

すべての銘柄の登録が終わったら、**「CSVダウンロード」を押しファイルを保存**します。このCSVファイルのデータをもとに、後述するExcel

シートに入力していきます。

ガチ速
FIREの
ポイント

銘柄発掘をしたら忘れないように
ウォッチリストに登録をしよう!

13

個別株投資の流れ③

投資に役立つ情報をExcelにまとめて分析する

ウォッチリストに登録ができたら、続いてExcelを使って分析をしていきます。細かい分析方法については前著『1日5分の分析から月13万円を稼ぐExcel株投資』（KADOKAWA）に記載があるのでぜひ読んでいただきたいのですが、本書ではその肝といえる部分を解説していきます。

Excelに入力をする目的は**「目標株価」**を算出することです。**「目標株価」とは、実績や景気の状況に基づいて算出した、株価が上昇してもおかしくはないと思える水準**のことです。

Excelを使って実績や景気の状況をまとめ、自動的に目標株価を算出する仕組

みをつくることが肝になります。

まずは、目標株価の考え方を見ていきます。

一般的な株価の計算式は、「株価 ＝ 1株益 × ＰＥＲ」でした。そして、この株価の式をベースに、将来変動しうる部分を「目標ＰＥＲ」として予想すれば、目標株価が計算できます。

目標株価の計算式

目標株価 ＝ 予想1株益（四季報から使用）× 目標ＰＥＲ（Ｅｘｃｅｌを使って算出）

過去の実績や景気の状況を加味して分析をした結果、将来のＰＥＲは現在のＰＥＲよりも高く評価されるはずだと判断できれば、目標ＰＥＲを高く設定します。

設定した目標ＰＥＲをもとに、将来的に上がってもおかしくはないと思える目標株価を算出していきます。

求められた目標株価が現在の株価に対して高ければ高いほど、その株は有望と数字上は判断できるわけです。

もちろん、この目標株価は絶対に達成される数値ではありません。しかし、目標株価は、「ＰＥＲ」という投資において誰もが注目する指標を使って計算できるので、的外れな水準ではない、というのが私の意見です。

この目標株価に対して、少し無難に利益確定ラインを設けたり、一定の含み益を達成した時点で保有株数の半数を売却して残り半分で目標株価を狙う、などさまざまな戦略を柔軟に組み合わせることができます。

こういった理由から私は、現在の株価と目標株価の差を表示して、上昇率が高い銘柄を本命銘柄候補に選出するようにしています。

じつは、私も以前は「好き」とか「上がりそう」とか、主観的な銘柄選別をしていました。

それでもそれなりに結果を出せていたのでいいと思っていたのですが、それは「アベノミクス」という時流に乗っていただけだったのです。そして、2015年にレバレッジをフルにかけた状態で「チャイナショック」を経験して、ほぼすべての資産を溶かしてしまいました。

そうした手痛い経験をした結果、主観的な銘柄選別ではダメだと思い、戦略を練り直して到達したのがExcelによる目標株価計算でした。

初心者から経験者へのステップでは「好き」とか「上がりそう」でも私はいいと思います。

ですが、**ある程度の資金規模になり、株式投資を大きな資産運用の柱に据えていくためには、客観的な数字による判断が必要**になってきます。

客観的な数字を使った判断をするために、Excelが便利なのです。1つのアイデアとしてぜひExcel活用を検討してみてはいかがでしょうか？

実際にExcelにまとめてほしい項目は、次の15項目です。

Excelにまとめる項目リスト

①銘柄コード
②銘柄名
③現在の株価
④時価総額
⑤今期予想1株益
⑥来期予想1株益
⑦1株益の中間値（今期予想1株益と来期予想1株益の平均）
⑧前期営業利益
⑨今期営業利益
⑩来期営業利益
⑪3期増益率
⑫来期増益率
⑬目標PER

⑭目標株価
⑮上昇率

15項目のうち、いくつかのデータはコピー&ペーストで入力でき、計算を自動化できるところもあるので、そこまで時間はかからないと思います。

①銘柄コード
②銘柄名
③現在の株価

この3つについては、**登録した「お気に入り銘柄」からコピー&ペーストが可能**です。もし四季報オンラインを使用している場合には、これらの最新のデータが入ったCSVファイルをダウンロードでき、コピー&ペーストですべて一瞬で入力することができます。

図2-7 四季報オンラインで時価総額を調べる

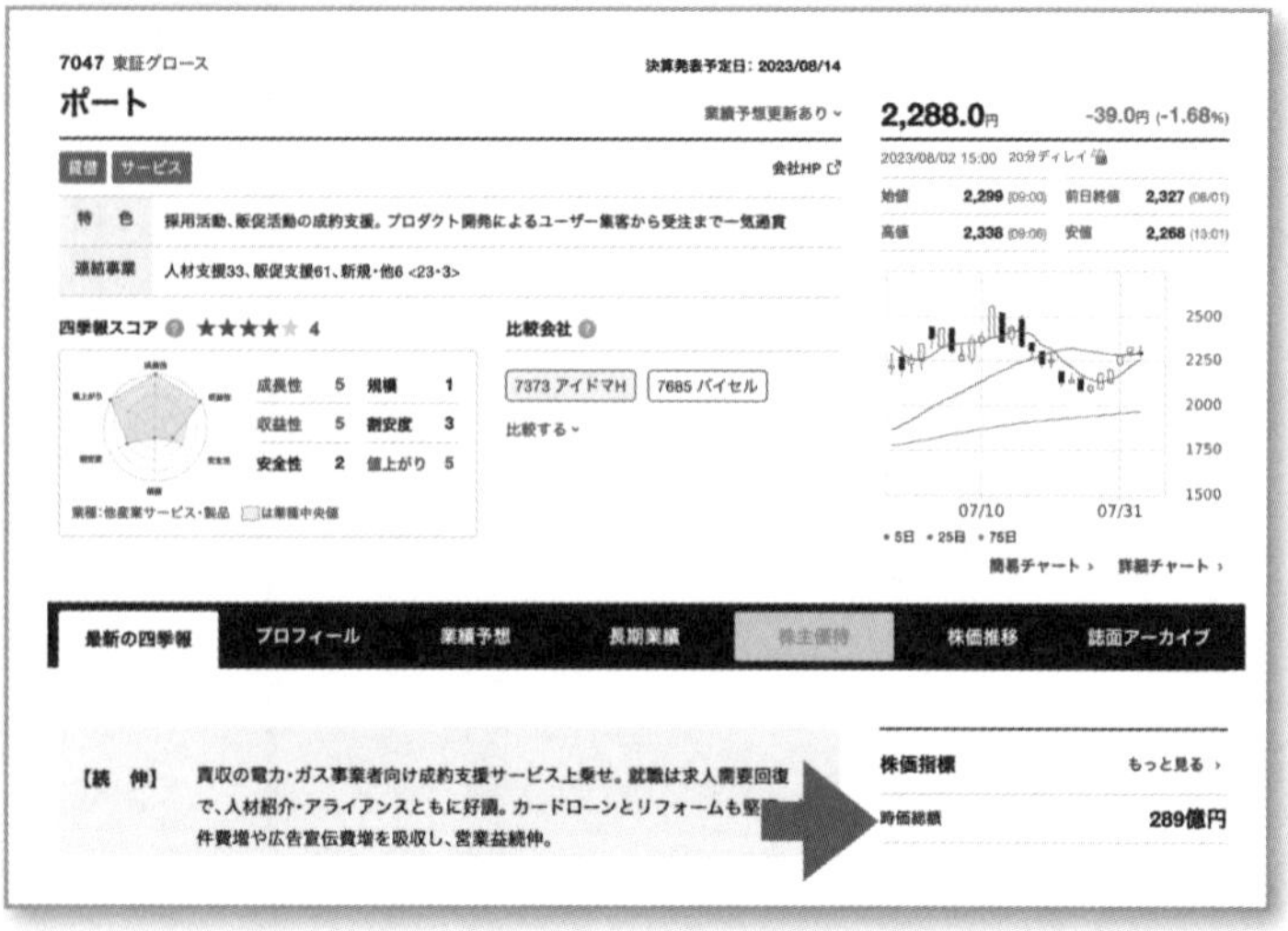

④ **時価総額**

なるべく入力時の時価総額を入力しましょう。どんなツールでも調べることが可能です。図2-7は四季報オンラインで調べた場合です。

⑤ **今期予想1株益**

⑥ **来期予想1株益**

1株益については、**会社四季報を使用して今期予想だけでなく来期予想についても使用します。**

発売日直後は紙面の四季報で問題ないのですが、発売後に決算や業績の修正があった場合には、四季報予想も変化している場合があります。

図2-8 1株益は四季報オンラインで最新の数値を確認

業績予想更新 更新日：2023/07/24

	売上高	営業利益	税前利益	純利益	1株益(円)	1株配(円)
◇23.3	11,364	1,699	1,658	1,074	96.6	0
◇24.3予	15,300	2,110	2,060	1,460	115.3	0
◇25.3予	19,900	2,500	2,450	1,700	134.3	0
会24.3予	15,300	2,110	2,060	1,460	—	(23.6.30)

最新の四季報が発売してからある程度時間が経過している場合には、四季報オンラインの業績を確認して、最新の数値を入力するようにしましょう（図2-8）。

⑦ 1株益の中間値（今期予想1株益と来期予想1株益の平均）

目標株価の算出には1株益を使いますが、ここで1つ工夫があります。**目標株価の算出には、今期予想1株益と来期予想1株益の平均を使用**します。

成長企業は将来の利益が増える傾向にあり、その成長期待で株価が上昇していきます。しかし、未来であればあるほど不確実性は増してしまいます。とはいえ、今期予想は成長が加味さ

図2-9 3つの営業利益を四季報オンラインで確認

業績予想更新　更新日：2023/07/24

	売上高	営業利益	税前利益	純利益	1株益(円)	1株配(円)
◇23.3	11,364	1,699	1,658	1,074	96.6	0
◇24.3予	15,300	2,110	2,060	1,460	115.3	0
◇25.3予	19,900	2,500	2,450	1,700	134.3	0
会24.3予	15,300	2,110	2,060	1,460	—	(23.6.30)

れていません。

不確実性の多い来期予想1株益だけではなく、成長を加味しない今期予想1株益だけでもなく、その両方のバランスをとるために、中間値を使うようにしています。

⑧前期営業利益
⑨今期営業利益
⑩来期営業利益

次に業績の成長率から「目標株価」を算出していきます。「目標株価」を計算するため、まずは前期、今期、来期の営業利益を確認します（図2-9）。

図2-10 増益率は自動で計算されるようにする

					自動計算			自動計算	自動計算	自動計算
コード	銘柄名	前期営業利益	今期営業利益	来期営業利益	3期増益率	来期増益率	目標PER	目標株価	上昇率	予想PER
7047	ポート	16.99	21.1	25	21.3%	18.5%		0	−100.0%	18.4

ここを入力すると（前期・今期・来期営業利益）　ここが自動計算（3期増益率・来期増益率）　目標PERを考えたい（目標PER）

⑪ 3期増益率

⑫ 来期増益率

⑧〜⑩の数値を利用して、3期分の成長率を計算していきます。この成長率をもとに「目標株価」を計算します。

少し複雑な計算になるため、計算式をExcelに入力することで、次回以降の手計算は必要なくなり効率がよくなります。

一例として、ポート（7047）の場合は図2-10のようになります。⑧〜⑩から、3期平均の増益率が21・3％、来期増益率が18・5％という成長率の計算ができました。

この**成長率をもとに「目標PER」を考えていきます。**

⑬ 目標PER

表2-2は、私が独自に作成した**「目標PERの早見表」**です。

表2-2 目標PERの早見表

増益率／経過年数	1年目	2年目	3年目	4年目	5年目
5%	1.05	1.10	1.16	1.22	1.28
5%の目標PER	15.75	16.5	17.4	18.2	19.1
10%	1.1	1.21	1.33	1.46	1.61
10%の目標PER	16.5	18.2	20.0	22.0	24.2
15%	1.15	1.32	1.52	1.75	2.01
15%の目標PER	17.3	19.8	22.8	26.2	30.2
20%	1.2	1.44	1.73	2.07	2.49
20%の目標PER	18.0	21.6	25.9	31.1	37.3
25%	1.25	1.56	1.95	2.44	3.05
25%の目標PER	18.8	23.4	29.3	36.6	45.8
30%	1.3	1.69	2.20	2.86	3.71
30%の目標PER	19.5	25.4	33.0	42.8	55.7
35%	1.35	1.82	2.46	3.32	4.48
35%の目標PER	20.3	27.3	36.9	49.8	67.3
40%	1.4	1.96	2.74	3.84	5.38
40%の目標PER	21.0	29.4	41.2	57.6	80.7
50%	1.5	2.3	3.4	5.1	7.6
50%の目標PER	22.5	33.75	50.6	75.9	113.9
60%	1.6	2.6	4.1	6.6	10.5
60%の目標PER	24.0	38.4	61.4	98.3	157.3
70%	1.7	2.9	4.9	8.4	14.2
70%の目標PER	25.5	43.4	73.7	125.3	213.0

株価はつねに数年後（業種や地合にもよりますが3～5年後）をイメージしながら推移しているといわれます。**現在予想されている成長率が持続した場合の、数年後の価値をＰＥＲで表した数字、それが「目標ＰＥＲ」**です。

まず縦軸を見てみてください。⑪と⑫より、ポートの増益率は18・5～21・3％ですので、対応表のうえで近い数字である15％と20％の目標ＰＥＲを見ます。

そのまま右に視線をずらすと、**1～5年後の目標ＰＥＲが記載されています。**この中から、最も適切だと思われる数値を目標ＰＥＲとして設定します。

考えれば考えるほど、ややこしく感じてしまう項目ですが、たくさんの銘柄で目標ＰＥＲを設定する練習をしてみましょう。すぐに慣れてくると思います。

さて、ポートの例に戻りますが、少し幅を持たせて考えました。3期平均の増益率（⑪）が20％を超えているわけですので、目標ＰＥＲは30倍程度に設定してもいいのではないかと考えました。

図2-11 目標PERを設定すれば目標株価が計算できる

					自動計算			自動計算	自動計算	自動計算
コード	銘柄名	前期営業利益	今期営業利益	来期営業利益	3期増益率	来期増益率	目標PER	目標株価	上昇率	予想PER
7047	ポート	16.99	21.1	25	21.3%	18.5%	30	3711	62.8%	18.4

ここを入力すると

ここが自動計算

⑭目標株価
⑮上昇率

ここまで入力したら、ついに「目標株価」と「上昇率」を計算します（図2-11）。目標株価の計算式は、**「目標株価＝目標PER（⑬）×1株益の中間値（⑦）」**です。

目標株価という値は、絶対に株価がここまで上がる、という数字ではありません。あくまでも**四季報の数字の推移から、一般的な考え方に基づいて算出することができる目標値**です。

この目標株価と現在の株価の乖離が大きい場合は、株価が上昇しやすく、下落しづらいと考えることができます。

ここからさらに分析を深めていくとより自信を持って取引に望むことができます。

企業のホームページや決算資料、アナリストレポート、IRへの問い合わせなどを通じて、目標株価の達成が現実的な数字なのかを自分なりに分析して、投資に対する合理性を考えてみましょう。

また、**分析フォーマットを決めておけるという点でもこのＥｘｃｅｌへの入力はおすすめ**です。

ある銘柄で行った分析を、ほかの銘柄では分析していないのでは、分析にムラができてしまい、自分の中によいパターンのデータが蓄積されていきません。

基本的に同じアプローチで分析を行っている（条件をそろえる）からこそ、結果の検証を行った際に、改善につながりやすくなります。

そういった意味でも、Ｅｘｃｅｌを活用して、ウォッチ銘柄すべてに同じ分析を繰り返すことは、将来的にとても大きな意味を持ちます。

時間の効率、分析の正確性が回数を追うごとに増え、継続の複利効果とともに、効率化によるレバレッジ効果も効いてきます。

可能ならば、本書でご提案した目標株価の部分だけでも自分なりのＥｘｃｅｌをつくることをおすすめします。

もしもより細かくデータを入力していきたいという方は、私の前著である『1日5分の分析から月13万円を稼ぐExcel株投資』（KADOKAWA）をご覧いただければと思います！

ガチ速
FIREの
ポイント

Excel入力は、
分析のフォーマットづくり。
継続による複利効果と効率化による
レバレッジ効果を生み出そう！

14

個別株投資の流れ④

Excel分析から本命銘柄を絞り出す

Excelの入力が終わったら、**本命銘柄を最大で10銘柄絞り出していきます。**

この工程は個別株投資の中でもとても重要です。なぜなら、ここで本命株を10銘柄以内に絞っておかないと、日々のちょっとしたニュースに振り回されてしまうためです。

私たちのリソースには限界があります。この本を読まれている多くがフルタイムで勤務されている方だと思いますので、株の情報収集や管理にあてられる時間や労力は多くはないはずです。

その中で**結果を出すためには、いかに上昇の可能性のある銘柄を継続的にウォッチしているか、**が重要です。

ウォッチ銘柄が50銘柄、100銘柄とあると、とてもじゃないが見切れません。日々の値動きに翻弄され、高値づかみをした挙句、やむなく損切りをしたらそこから株価が上昇して悔しい思いをしたことがある、という方も多いでしょう。

本命銘柄に選んだ株が必ず上がるというわけではありませんが、**自分の目の届く範囲内（私の場合は10銘柄以内）まで銘柄数を絞り込むことで、その銘柄に集中できるようになります**。

その中から**大きく上昇する銘柄が1つでも出ればOK**という感覚で個別株投資に臨んでいます。

世界的に著名な投資家であるウォーレン・バフェット氏はこのような言葉を残しています。

自分の「能力の輪」を知り、その中にとどまること。輪の大きさは、さほど大事じゃない。大事なのは、〝輪の境界〟がどこにあるかをしっかり見極めることだバフェットの言葉は、銘柄数だけではなく、業種的なことも含めて「能力の輪」という言葉を使っていますが、ここでは日々の管理の中で対応できる銘柄数という意味で「能力の輪」の境界線を見極めてみてください。

Excelをもとに本命銘柄を絞り出す工程は、次の3つの段階で分けられます。

本命銘柄を絞り出す3ステップ

①「目標株価」が高い順番に並べ替えを行う
②Excelのほかの項目を考慮したうえで本命を選出する
③選出した本命株を別のシート&リストに再登録する

1 「目標株価」が高い順番に並べ替えを行う

データの並べ替えができることは、Ｅｘｃｅｌの便利な点です。当然目標株価が現株価よりも高い銘柄を選びたいため、「目標株価」が高い順番に並べ替えを行うことが多いです。

2 Ｅｘｃｅｌのほかの項目を考慮したうえで本命を選出する

「目標株価」には異常値が出ないわけではありません。なので、Ｅｘｃｅｌに入力されているほかの項目も考慮したうえで選ぶようにしています。たとえば、次の要素はいつも確認しています。

「目標株価」以外の確認するべき項目

・四季報のコメント見出しがポジティブな内容か？

・営業利益率は高いか？
・増収率＋営業利益率が40％を超えているか？（40％ルール）

これらを確認し、より株価上昇の可能性が高いと思われる銘柄を、10銘柄以内になるまで絞り込みます。

3 選出した本命株を別のシート&リストに再登録する

絞り込みができたら、別シートにコピーして本命銘柄のみが表示されるようにします。また先に紹介したお気に入りリストも「本命株」という名前のフォルダを作成して登録するようにしましょう。ここまでやってようやく「本命株」に集中できるようになります。

ガチ速
FIREの
ポイント

本命株を10銘柄以内に絞り、その銘柄に集中しよう！

15

個別株投資の流れ⑤

本命銘柄を週1とことん分析

本命銘柄の選出が終わったら、より深く分析していきます。私はこの分析を**「とことん分析」**呼んでいます。「とことん」とは「自分が納得いくまで」ということです。とことん分析のやり方は次の6ステップです。

「とことん分析」の6ステップ

①定量的な分析を行うための情報を収集
②採点表で採点し、レーダーチャートをつくる
③さらなる情報収集

④良い点と悪い点をまとめる
⑤チャート分析を行う
⑥合理的な買いポイントを考える

1 定量的な分析を行うための情報を収集

まずは、あらためて定量的な数字の確認を行うため、本命株の情報を収集していきます。その際には、**成長性・収益性・割安性・安全性・大化け性の5つの評価項目を意識して情報を集めます。**

また、それぞれの情報収集先を決めておくことで効率化が可能です。ご参考までに、私がおすすめする情報収集先は次になります。

評価項目別おすすめの情報源

・成長性……株探と四季報オンライン
・収益性……株探と四季報オンラインと銘柄スカウター
・割安性……株探と四季報オンラインと四季報と銘柄スカウター
・安全性……株探
・大化け性（目標株価）……Excelで算出

気になった情報は、スクリーンショットをどんどんコピペで集めます。情報の保存先も決めておくことで、さらに効率化ができます。

2 採点表で採点し、レーダーチャートをつくる

①で集めた**定量的なデータを次の採点表にあてはめ、5項目をそれぞれ10段階で評**

価していきます。

採点表は、つねに同じ採点表を使うことが重要です。というのも、買いたい銘柄を分析していると、ついつい甘い評価になってしまいがちです。

なので、つねに同じ基準で銘柄を評価していくことで「買いたい」というバイアスを極力排除することが重要なのです。

表2-3が採点表のサンプルです。

この採点表は私が自分で作成したものですが、こちらも形式にとらわれる必要はないので、**自分なりに採点表をつくってみることをおすすめします**（私が作成した採点表の詳しい内容について知りたい方は拙著の『1日5分の分析から月13万円を稼ぐExcel株投資』をご覧ください）。

この表をつけると、成長性・収益性・割安性・安全性・大化け性を10段階で評価することができます。

そして、**評価を視覚的に判断できるようにレーダーチャートに入力**していきます。レーダーチャートの作成には、「ちゃちゃっと」というサイトを利用しています。

表2-3 本命株の採点表

大項目	考慮事項	1	2	3	4	5	6	7	8	9	10	点数	平均
①成長性	売上(3期平均)	30%以上減	20%～30%減	10%～20%減	5%～10%減	5%～0%減	0%～5%増	5%～10%増	10%～20%増	20%～30%増	30%以上増		#DIV/0!
	利益	30%以上減	20%～30%減	10%～20%減	5%～10%減	5%～0%減	0%～5%増	5%～10%増	10%～20%増	20%～30%増	30%以上増		
	1株益	30%以上減	20%～30%減	10%～20%減	5%～10%減	5%～0%減	0%～5%増	5%～10%増	10%～20%増	20%～30%増	30%以上増		
②収益性	利益率	赤字	0%～1.5%	1.5%～3%	3%～5%	5%～7.5%	7.5%～10%	10%～15%	15%～20%	20%～30%	30%以上		#DIV/0!
	ROE	赤字	0%～1.5%	1.5%～3%	3%～5%	5%～7.5%	7.5%～10%	10%～15%	15%～20%	20%～30%	30%以上		
	粗利率	赤字	10%～20%	20%～30%	30%～40%	40%～50%	40%～50%	50%～60%	60%～70%	70%～80%	80%以上		
③割安性	PER(将来1株益)	50倍以上	40倍～50倍	35倍～40倍	25倍～30倍	25倍～20倍	15倍～20倍	15倍	15倍～10倍	10倍～7.5倍	7.5倍以下		#DIV/0!
	PSR	10倍以上	8倍～10倍	6倍～8倍	5倍～6倍	4倍～5倍	4倍～3倍	3倍～2倍	2倍～1倍	1倍～0.5倍	0.5倍以下		
	PBR	20倍以上	10倍～20倍	10倍～7.5倍	7.5倍～5倍	5倍～3倍	3倍～2.5倍	2.5倍～2倍	2倍～1倍	1倍～0.5倍	1倍以下		
④安全性	自己資本比率	10%以下	10%～20%	20%～25%	25%～30%	30%～40%	40%～50%	50%～60%	60%～70%	70%～80%	80%以上		#DIV/0!
	営業CF	2期連続赤字				単発赤字		2期連続黒字純利益より少ない			2期連続黒字純利益と同等		
	資金繰り	危険				疑いあり					問題なし		
⑤大化け性(目標株価)	内部要因と外部要因のマトリクス	左下				真ん中に近い					右上		#DIV/0!
	現株価と目標株価の差	マイナス	5%未満	5%以上	10%以上	30%以上		50%以上		2倍以上	3倍以上		
	40%ルール(売上成長率+営業利益率)	5%未満	5%～10%	10%～15%	15%～20%	20%～25%	25%～30%	30%～35%	35%～40%	40%～50%	50%以上		

図2-12 レーダーチャートで視覚的に評価を確認する

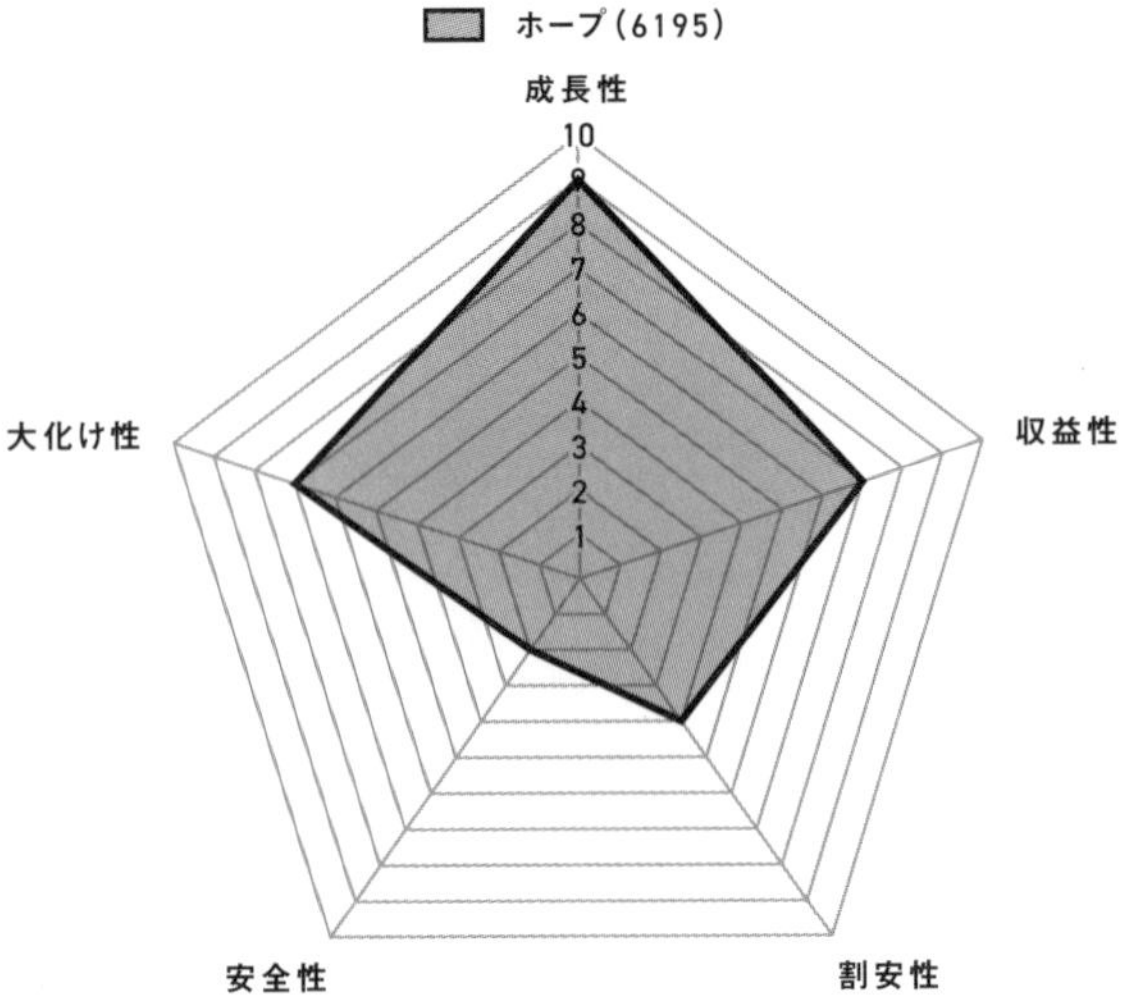

作成したレーダーチャートのサンプルが図2-12です。

3 さらなる情報収集

続いて、**定性的な視点からも分析をするため、さらなる情報収集をしていきます。**

ここには、「何をしたら終わり」というゴールはありません。しかし、ある程度の型があります。情報収集の候補先としては次があります。

さらなる情報収集先

・会社のホームページ
・決算資料
・有価証券報告書
・アナリストレポート
・YouTubeでの検索

この5つの情本源から情報を収集していきます。情報を見ていく中で**「これは重要かな」と思えたものは、すべてスクリーンショットをとっておきます。**このときに情報の順番や組み立ては意識する必要はありません。そして集めた情報を何度も見直して、情報を整理していきます。

図2-13 本命株の良い点・悪い点をまとめてみる

分析まとめ

良い点	悪い点
①今期2回目の上方修正	①自己資本比率の低さ
②中期経営計画達成目処が立つ	②進捗率の低さ
③シェアNo.1	③リフォーム領域の減収減益
④M&A戦略	
⑤開示情報	

4 良い点と悪い点をまとめる

ある程度の情報が集まったら、情報全体を俯瞰しつつ、良い点と悪い点の両方の視点から考え、まとめてみましょう（図2－13）。

まず業績面の定量的な観点から、成長性や収益性を評価していきます。

ポイントは、平均成長率、長期の安定性、利益率の高さなどから、**「強み」**の有無を想定していくことです。

ここでいう**「強み」というのは、他社にはない「独自の強み」であり、この強みがあるからこそ、業績の成長に持続性が生まれて、長期的な成長の可能性が高まります。**

定量的にその強みのヒントを見つけることができれば、③で集めた定性的な要素の中から、その強みの根拠となる部分を整理しながら探していきます。

ここで**注意が必要なのは、「買い」を前提に分析していると、良い情報にバイアスがかかってしまう点**です。

もともと良さそうと思っているウォッチ銘柄の中の本命銘柄です。心理的には上がってほしいし、上がるであろうと期待している分だけ、リスクに関する情報よりも、良さそうな情報に目が向かいがちです。**悪い点にもしっかりと向き合って、中立の視点で分析すること**が重要です。

ここまでの分析をもとに、良い点と悪い点を3~5個ずつピックアップして情報を整理してみましょう。

5 チャート分析を行う

良い点と悪い点の整理を終えたら、次にチャートの分析を行います。

とはいえ、ここで取り扱っている銘柄は、個別銘柄です。さらに小型株であれば取引する人の数が少ない（流動性が低い）ため、高度なテクニカル分析はそこまで多用する必要はありません。むしろ**シンプルで王道のチャート分析が売買戦略を考えるうえ**

で適しています。

チャート分析の手順は次のとおりです。

1　週足チャートで大きな流れ（株価トレンド）の確認をする

まずは週足チャートを確認してみてください。

チェック方法のおすすめは**株探**です。株探でチェックするメリットは、高値と安値に値段が入っている点（ほかのツールでも表示可能です）と、プレミアムプラン（月額2460円）であれば、グラフ内平均PERと現在のPERを比較できる点にあります（図2-14、図2-15は四季報オンライン）。

ここで確認したい点は、週足の**「移動平均線の向き」**です。移動平均線とは、一定期間の株価の平均値を折れ線グラフで表したものです。図2-14の株価推移の下側になめらかな線が3本あります。これが移動平均線です。

移動平均線の向きは株価の中長期的なトレンド（方向性）を示します。この向きが上向きであれば大きな流れが上向き（上昇トレンド）に、下向きであれば大きな流れは

図2-14 三菱UFJフィナンシャル・グループ（8306）の週足チャート

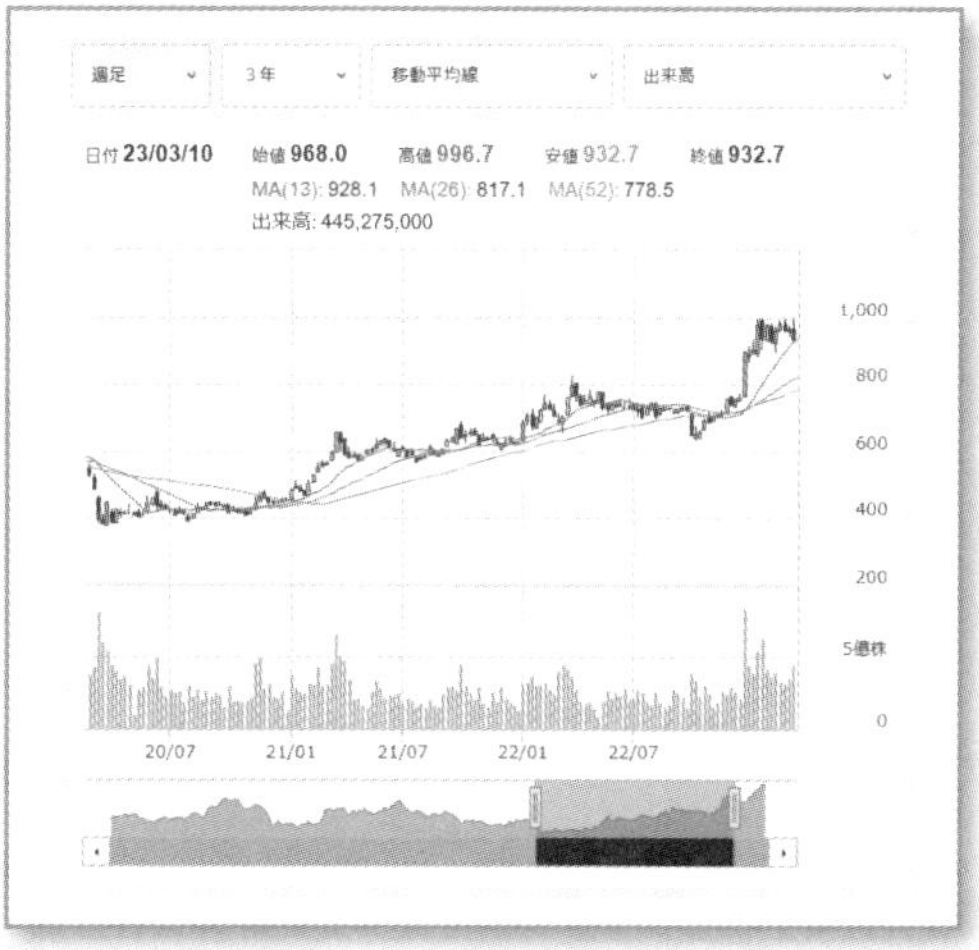

下向き（下降トレンド）であることがわかります。

図2-14を見ると、移動平均線は上向き、つまり株価は「上昇トレンド」だとわかります。

基本的には「上昇トレンド」のほうが有利ですので、上昇トレンドであれば買いを前向きに検討してよいでしょう。

ただし、**下落トレンド中だとしても流れが変わる型（チャートパターン）が出ていたら、要注目**です。このパターンについては次のパートで詳しく触れていきます。

図2-15 三菱UFJフィナンシャル・グループ(8306)の日足チャート

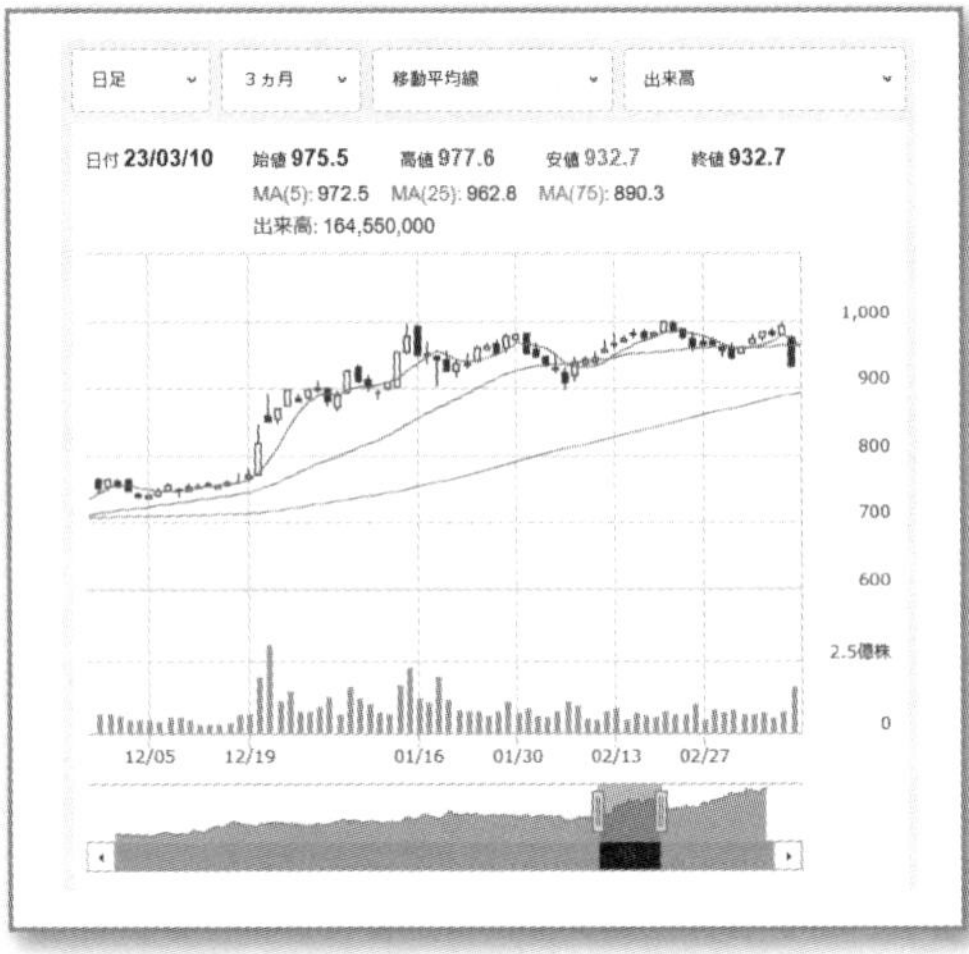

2 日足チャートで最近の動きを確認する

週足チャートでトレンドを確認したら、日足チャートで最近の動きを確認してみましょう（図2−15）。

今回、例として挙げている三菱UFJフィナンシャル・グループ（8306）については、週足チャートでは上昇トレンドでしたが、日足チャートに切り替えてみると、2023年3月10日に大きく下落していることがわかります。株価のトレンドは上昇トレンドなので、買いを検討したいところではあるのですが、少し立ち止まったほうがいいかもしれません。

買いに慎重になるべき日足チャートの動きは、次の2パターンです。

慎重になるべき日足チャートの動き
- 1日の値動きが大きかった（大きな陰線をつけた）
- 天井のチャートパターンをつけている（Wトップなど）

三菱UFJフィナンシャル・グループの日足チャートの場合、2月以降の動きの中で1000円を超えることができずに、大きな下落となったことで、天井のパターンと呼ばれるWトップが発生し、5月中旬まで上がることができませんでした。

このような場合に焦って買ってしまうと、かえって損失を大きくしてしまいかねません。**大きな流れ（株価トレンド）だけで株を判断せず、日足チャートで基本的な見方やチャートパターンを押さえたうえで分析し、買いを検討してみましょう！**

6 合理的な買いポイントを考える

最後に、「合理的」な買いポイントを考えていきます。

ここでいう「合理的」の判断には、買った値段から考える**リスクとリターンの比率**を利用します。この比率のことを、本書では**リスク・リターンレシオ**を呼びます。ここで使われている「レシオ」というのは、比率、割合のことを指しています。

> **リスク・リターンレシオの求め方**
>
> リスク・リターンレシオ ＝想定される損切りの金額（リスク）：想定される利益の金額（リターン）

自分のとっているリスク（想定される損切りの金額）よりも、リターン（想定される利益

の金額）がはるかに大きいときに、「合理的」であると判断します。

リターンについて、参考にしたいのは「目標株価」です。四季報情報をもとにExcelで算出した「目標株価」に、とことん分析で目標株価の根拠を補足して、より確実な数値に設定するといいでしょう。

リスクについては、未来のすべてを正確に織り込むことはできず、加えて小型の成長株投資の場合は、配当金なども期待しづらいため、損切りラインの設定も重要です。

損切りラインは、マイナス8%を1つの目安としています。

本当はマイナス10%を目安にしたい気持ちがありますが、「売り」の難しさを考慮してマイナス8%としています。「利益を出す」ことを目的に投資をしているので、損切りに抵抗したい感情が生まれ、実行するタイミングがどうしても遅れてしまうことがあるのです。

また予定どおり実行しようとしても、売ろうとしている株価よりも少しずれてしまうことがあります。なので、**実際に損切りを行いたい株価に対して、2〜3%程度は厳しく損切りラインを設定する**ようにしています。

ただし、マイナス8%という目安はあくまでも数週間〜3か月以内程度の短期から中期で利益を確定させるつもりで投資している銘柄に対しての話です。長期投資の場合には、損切りラインを15～30％に設定しています。もしくは、株価チャート上の大きな節目（直近につけた意識されやすい安値など）を割り込んでから、とするケースもあります。

このリスク（損切りライン）に対して、リターン（目標株価）が少なくとも1：3以上あるときに「合理的」と判断します。また、現在の株価から目標株価までの上昇率は、最低でも＋50％（1・5倍）以上の上昇率が欲しいところです。

この基準をクリアしている状態で、**買いポイントをチャート上の節目にあたる部分に設定**するようにしています。節目というのは、誰もが意識してしまうような価格帯のことを指していて、主要な移動平均線や過去の目立つ安値や高値、出来高の多い価格などが該当します。

ガチ速FIREのためには、個別株投資においては合理性を貫き、回数をこなせば資金が増える取引を目指すべきです。そして、複利の効果を最大限発揮させるためにも、このパートでご紹介した6ステップを踏んで、合理的な個別株投資を継続していきましょう！

ガチ速FIREのポイント

合理的な取引のための6ステップを実行してみよう

16

これだけは知っておこう、テクニカル分析の転換パターンと買いパターン

長期の個別株投資を行う基本は、「上昇トレンド」の株を選ぶことだといわれますが、本質的にはそうではありません。

たとえ上昇トレンドではなかったとしても、**株はなるべく割安に買えたほうがいいことは絶対的な事実**です。

仮に買いを検討している銘柄が、業績の成長に持続性があり中長期的に利益が増え続けているにもかかわらず、週足チャートでは下降トレンドだったとしましょう。

この場合、株が割安になっていると考えられて買いが入りやすくなり、いずれ株価

は底打ちを迎える可能性が高いです。

では、下降トレンド中であっても気にせずに買いを入れるべきなのでしょうか。

もちろんそうではありません。下降トレンド中に株を購入することは危険です。

「落ちてくるナイフはつかむな」など、下降トレンドの株を買うことを警告する格言は多く存在しますし、株価は理屈では説明がつかないほどの動きを見せることもあります。

そこで**押さえておきたいのが「転換」のチャートパターン**です。「転換」というのは、いままでのトレンドから方向性が変わることを意味しています。

このタイミングで買うことができれば、中長期的に見て割安で投資できている可能性が高いです。そのため、「最速」でＦＩＲＥをするためには、積極的に狙っていきたいタイミングになります。

まずは、「転換」を示す超王道の３パターンをご紹介します。

株価チャートの「転換」王道パターン

①ヘッドアンドショルダーズボトム（逆三尊）
②ダブルボトム
③トリプルボトム

1 ヘッドアンドショルダーズボトム（逆三尊）

ヘッドアンドショルダーズボトムは最も王道の転換パターンです。**真ん中の安値が最も低く、左右に1つずつ安値を形成する形**です（図2–16）。ヘッドの位置を境にして、下降トレンドの基本の動きから、上昇トレンドの基本の動きに変化したのが、ヘッドアンドショルダーズボトムになります。

多くの投資家が「この形」として認識しているので、**チャート上にきれいに出れば**

図2-16　ヘッドアンドショルダーズボトム

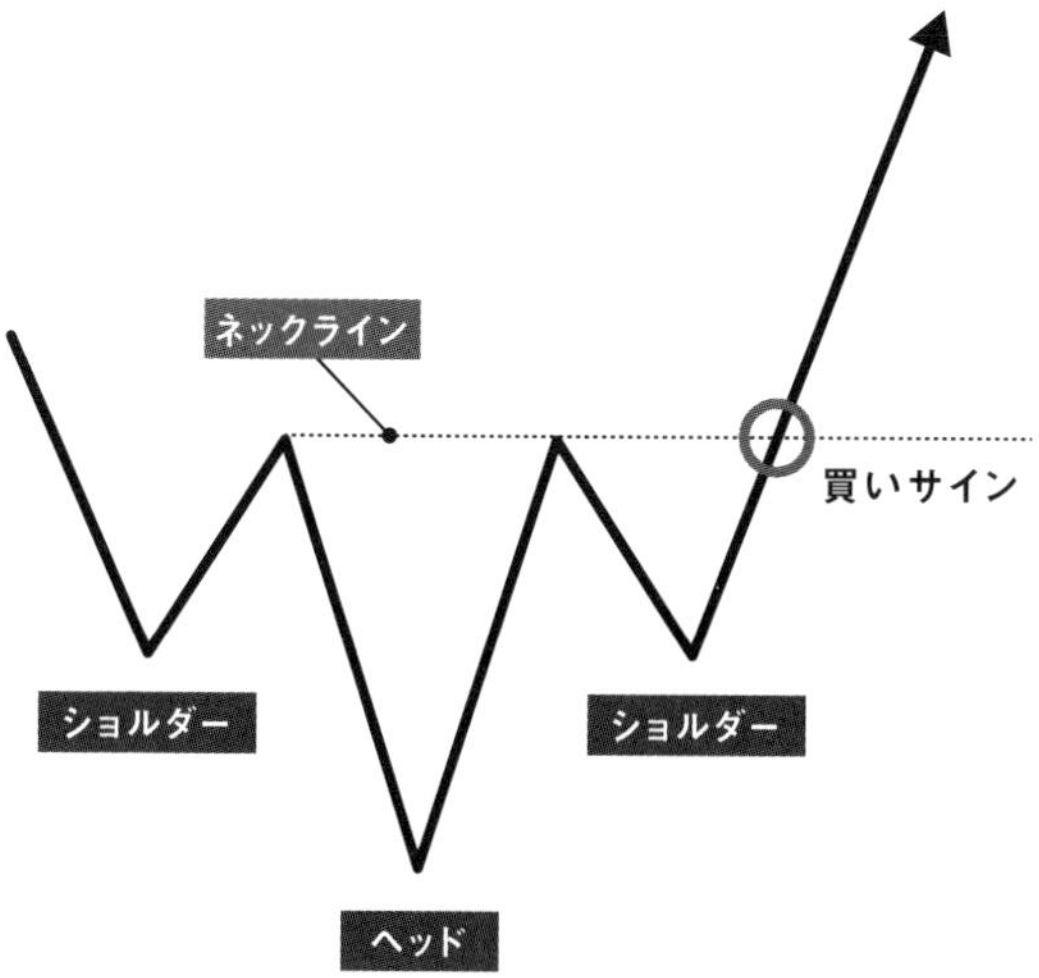

出るほど、この転換パターンが効果を発揮しやすくなることが期待されます。

ちなみに、逆にすると天井のパターンとなり、ヘッドアンドショルダーズ（三尊天井）となります。こちらは、利益確定（または損切り）の際に参考になるサインです。合わせてチェックしておきましょう。

2　ダブルボトム

こちらも超王道の転換のパターンです。

相場の世界ではよく「二番底」を確認してから、買いに転換する投資家が多い

図2-17　ダブルボトム

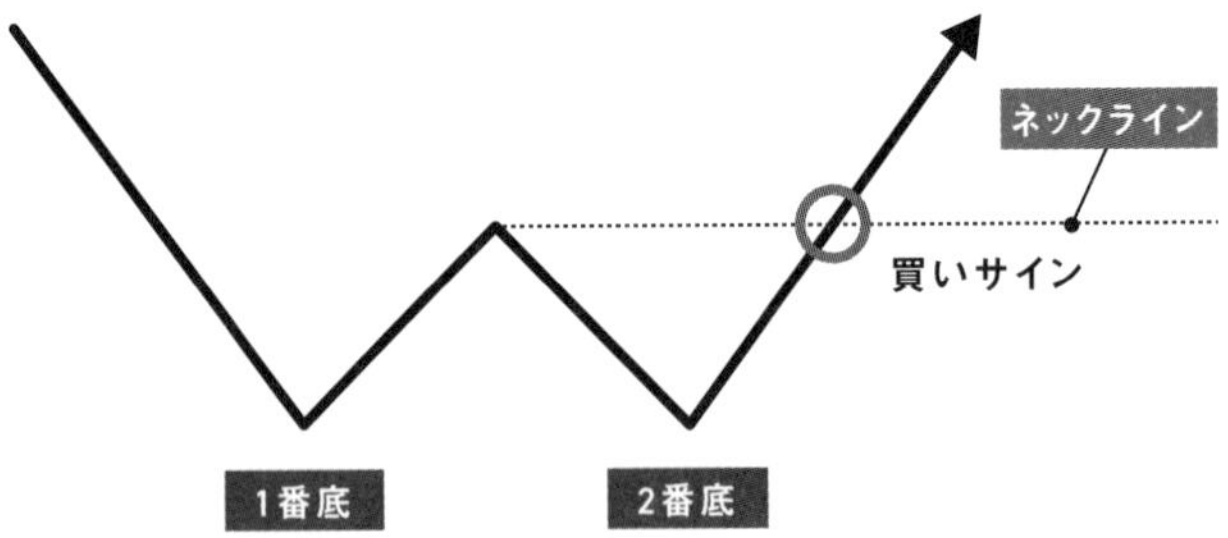

といわれます。**ほぼ同水準で2回安値をつけたあと（2番目の安値が1番目の安値を割っていないほうが信頼度は高い）に、直近高値を超えていくという形**です（図2-17）。

これも形として覚えている投資家が多く、ローソク足チャートで表示した際に、誰がどう見てもこれはダブルに見える状態であれば信頼度はより高まるでしょう。

この逆の形をダブルトップといい天井のパターンとして使用することが可能です。

3　トリプルボトム

最後にトリプルボトムです（図2-18）。こちらも王道ですが、考え方はほぼダブルボトムと同じです。**ト**

図2-18 トリプルボトム

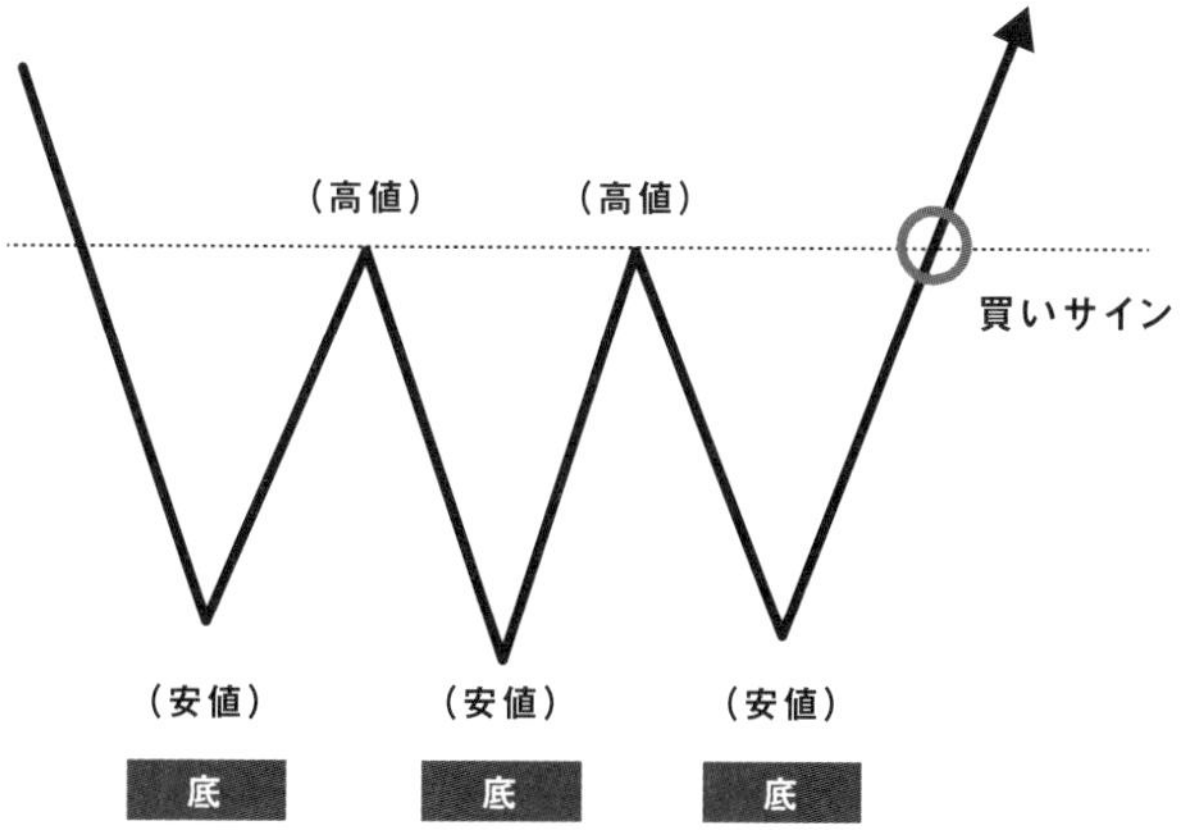

リプルボトムは、**ほぼ同水準の安値を3回つけています。**真ん中の安値が明らかに低い場合は、ヘッドアンドショルダーズボトムのチャートパターンで、同水準の場合がトリプルボトムです。

ダブルボトムとの違いは、形成までにかかる時間の長さです。

トリプルボトムは、より長い時間をかけて形成され、チャートを見ている人の多くがこのパターンを認識できます。

そのため、**直近高値を超えて、買いサインとなった場合、その上昇エネルギーは、ダブルボトムのときよりも大きくなりやすい**といわれています。

こちらも、逆にするとトリプルトップとい

う天井サインとしても使用できます。

トレンドを分析するうえで、**「直近安値」と「直近高値」を意識するとチャートへの理解が深まります。**

下降トレンドとは、「直近高値を超えられずに直近安値を割り込む」状態です。しかし、トレンドに変化が現れると、直近安値を割り込まなくなり、逆に直近高値を超えていく動きに変わります。

一般的にチャートパターンは、「形」で覚えることが多いのですが、このようなトレンドの構成の基本も合わせて押さえておくと、よりテクニカル分析への理解も深まります。

続いて、代表的な買いのサインを2つご紹介します。こちらも超王道と呼ばれるサインなので、覚えておいて損はないでしょう。

代表的な買いのサイン2選

①もみ合いからの上放れ
②初めての押し目

1 もみ合いからの上放れ

もみ合いからの上放れとは、株価が安値圏において、一定のレンジ内で推移（もみ合い）したあとに、上値を超えて上昇していくパターンです（図2-19）。

もみ合いの期間は長ければ長いほど上昇エネルギーが高くなることで知られています。

安値圏でもみ合っている状態というのは、買いと売りのバランス（需給）が拮抗している状態です。そのバランスが崩れるタイミングが「上放れ」になります。

期間が長いほうが上昇しやすくなるのは、長ければ長いほどの高値水準への意識が

図2-19 もみ合いからの上放れ

高くなり、上がりにくいはずの高値を超えるだけの買い需要が発生している可能性が高いためです。それは個別株で見ると、多くの場合、決算や業績の上方修正といったポジティブなニュースが多くなります。

では、「もみ合い」に長さの目安はあるのでしょうか？

テクニカル分析においては、短期のサインは、数も多い代わりにダマシ（サインどおりに動かない）も増えてしまいます。その観点からいくと、**目安としては6か月前後が目安**になります。

この状態で上放れが発生すれば、移動平均線の向きが一気に上向きとなり、今後の上昇トレンドとなることが期待できます。

2 初めての押し目

「押し目」とは上昇トレンドにある株価が、一時的に下落することです。押し目買いは有効な買いサインの1つです。

図2-20 エリオット波動

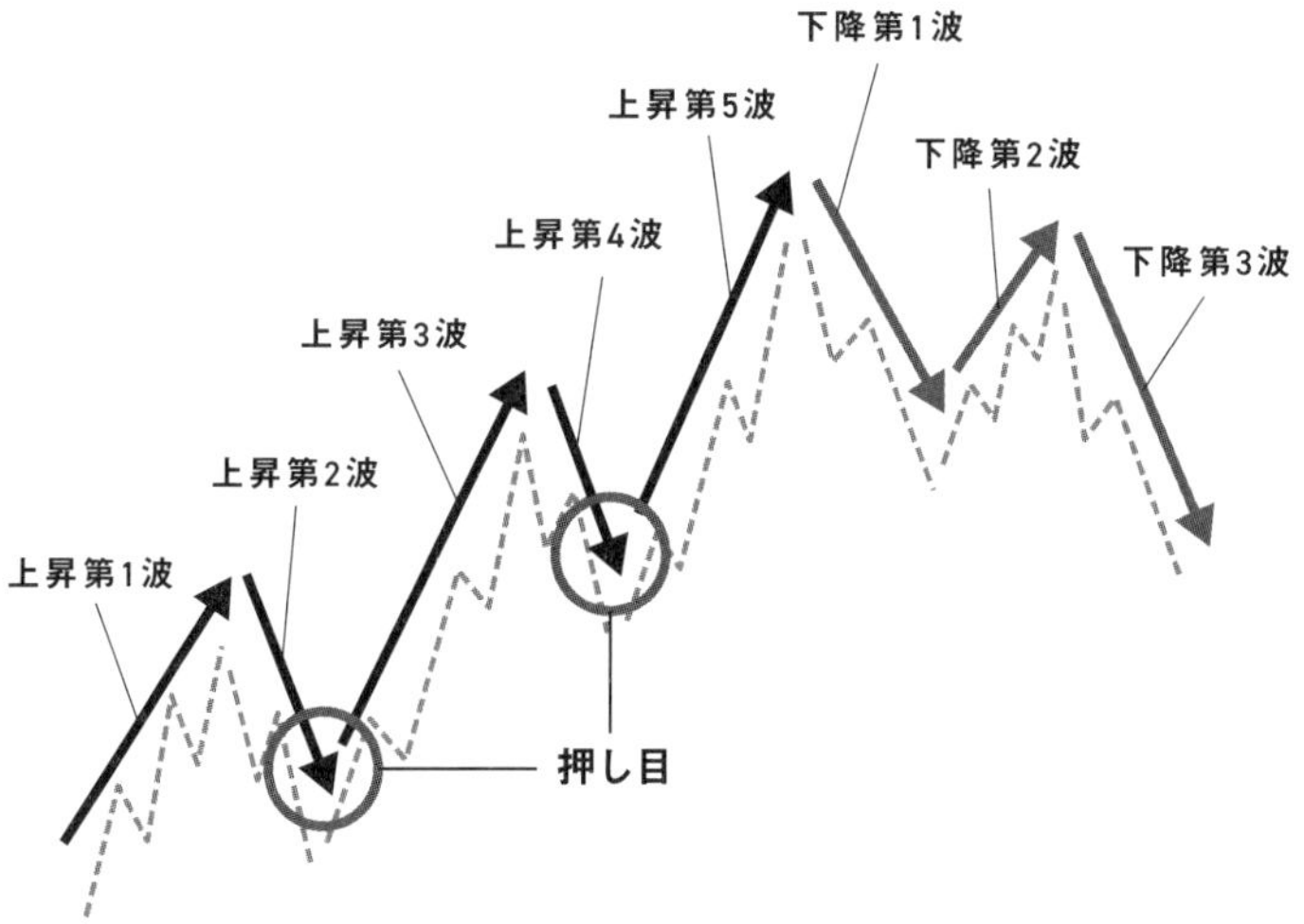

とくに意識したいのは、上昇トレンドに転換後の最初につける押し目で、「初押し」などと呼ばれたりします。

代表的なテクニカル分析の方法に**「エリオット波動理論」**という分析方法があります（図2-20）。エリオット波動理論によると、トレンドは基本的には5つの波動で構成され、その中で上昇の波動は3つしかありません。

「波動」といわれると「なんのこっちゃ？」と思われるかもしれませんが、大事なことは、**上昇は大きな流れの中で3回しかなく、押し目は2回しかないという点**です。そして、この上昇の中では、**上昇第3波が最も大きな波動になる**

可能性が高いといわれています。

そうすると、**狙うべきなのは「上昇第2波」で下げた最初の押し目**です。この段階で「買い」を入れることができれば、最も大きく上がる可能性のある第3波以降の恩恵を受けることができます。

一方で、初押し以外の「第4波」で押し目買いした場合、すでに最も大きな上昇は終えていて、残りは「第5波」の上昇のみとなり、大きな利益は期待できなくなってしまいます。

株式投資は、買う値段よりも売る値段が高ければ利益が出ます。そのため、トレンドの初期段階でなるべく安く買えることはとても有利です。だからこそ、第2波のような、初押しの段階で買う勇気を持てるか、がとても大切なポイントになるのです。

初押しの段階ではまだ多くの投資家が半信半疑の状態です。しかし、私たちはすでに注目した銘柄の詳細な分析を終え、上昇の根拠を持ちながら、毎日株価を確認している最中のはずです。そこで転換のサインを確認できれば、この初押しで買える可能性はグッと高まります。

ここまで、テクニカル分析を踏まえた転換サインと買いサインの話をしてきましたが、**大切なことは、上昇の可能性の高い銘柄群を1つひとつなるべく早く分析して、上がる期待が持てると思った株から目を離さないこと**です。

転換のサインも、買いのサインもそのときの一瞬の出来事であり、気がつくとあっという間に過ぎ去ってしまいます。自分の決めた本命株からは目を離さないようにしましょう！

ガチ速FIREのポイント

テクニカル分析の基本だけ押さえてできるだけ割安に株を買う

17

「何を買うか」だけでなく「どう買って売るか」も重要

このパートでは、理想的な売買戦略についても触れていきます。

目標株価が高い銘柄を見つけても必ず上がるわけではないので、少し上がっただけで急いで売ってしまったり、多少下がっただけで損切りしてしまったりしがちです。

そうすると、**大きな利益を生むはずの銘柄に目をつけていたにもかかわらず、結果として損してしまう、なんてことが起きてしまう**可能性もあります。

そのような事態を避けるために、ここでは長期投資における理想的な売買戦略についてまとめてみましたので、参考にしていただければと思います。

長期投資における理想的な売買戦略

①買う金額を決める
②損切りの許容金額を決める
③分散して買う
④2倍になったら半分売る
⑤目標達成まで持ち続ける

1 買う金額を決める

まず、**1つの銘柄に対して何円まで投資をするかを決めます。**これは資金量や資金余力、全体相場の流れに加えて、その銘柄に対する理解度や目標株価に対する自信によっても変わってきます。

5銘柄に分散投資をする場合、目安となるのは入金金額（投資資金）の20％程度です。

2 損切りの許容金額を決める

次に損切りの許容金額を決めてください。これも人によっても、投資スタンスによっても異なりますが、目安になるのは**「財布に入れておける最大額」**です。

財布はとてもリスクのある保管先です。落としてしまうかもしれないし、盗難にあう可能性だってあるからです。そのような「すべてなくなってしまうかもしれないリスク」を負える額であれば、損切りで失われてしまっても許容できると考えるのです。

3 分散して買う

買う金額、損切りの許容金額を決めたら、分散して買うことを心がけてみましょう。ここでいう「分散」とは、投資先を複数銘柄に分散するということではありません。**1つの銘柄においても1回で買いを入れるのではなく、何回かに分けて買う、**ということです。

買い時をバッチリあてて、買った次の日から勢いよく上昇するようなことはほとんど起こりません。**買うタイミングを分散することで、購入単価も平均化することができます。**

また、明らかに割安感を感じたり、底打ちの可能性を感じることがあっても、まずは打診買い（購入予定金額よりも少なめに買って様子を見ること）を入れておくことで、購入金額に達するまでは様子を見ながら買い増しをすることもできます。

4 2倍になったら半分売る

買った株が上昇してくると、目標株価まで届く前にどうしても売りたくなってしまいます。その気持ちはとてもよくわかりますが、**大きな利益を得るためには目標株価まで持ち続ける強い心が必要**です。

ただ、株価は必ず目標株価まで到達するわけでもありませんし、なにより利益確定をする前に下落して損切りすると精神的なダメージが大きくなってしまいます。

そこで私がよく用いる戦略は**「2倍になったら半分売る」**という方法です。

保有している株の半分を2倍の上昇率で売却するということは、その時点で購入金額を取り戻すことができています。つまり、もし残りの半分を保有中にその株の価値がゼロになったとしても、実質的には損をしなくなっているのです。

この方法をとることによって、かなりの安心感を得ることができます。

5 目標達成まで持ち続ける

半分の売却を済ませれば、もうあとは怖いものはありません。その銘柄の大化けまで時間はかかるかもしれませんが、じっくりと待つことができます。

すでに2倍に上がっているということであれば、半分の売却後でも購入時と同じ金額の株を保有していることになりますので、**今後も十分に上昇したときの恩恵を受けられるようになります。**

ここでご説明した売買戦略は理想的な形であり、実際の取引においては、さまざまなことを考慮したうえで進めていく必要があります。

しかし、**2倍以上に上がる株を見つけて、分けて買って分けて売ることによる投資効果はかなり大きい**です。さらに、ここに全体相場が後押ししてくれれば短期間で資産を大きく増やすことも決して夢ではないでしょう。

大事なことは、うまくいかない時期もこのルールを守り、資金を貯めながら、経験を積んでおくことです。

ガチ速FIREのポイント

目標株価2倍以上の株を、分けて買って分けて売るのが理想

18

あなたの投資がうまくいっているかを測る方法

ここでは実際に投資を行って、その投資方法がうまくいっているかを測る方法について ご紹介します。

私は、その方法を「**リスク・リワードレシオ**」と呼んでいます。

ちなみに、同じ呼び方で違うものを求めている方もいて、呼び方をそこまで気にする必要はありません。**リスク（損切りの平均額）とリワード（利益の平均額）を比較したものを、私は「リスク・リワードレシオ」と呼んでいます。**

「リスク・リターンレシオ」という言葉は先ほど登場しましたが、リスク・リターンレシオは想定されるリスク（損切りライン）に対して期待できるリターン（目標株価）が高いか、を示すもので、取引が合理的かを測るために使います。

リスク・リワードレシオの求め方

リスク・リワードレシオ＝損失の平均額（リスク）：利益の平均額（リワード）

めんどうくさがらず（といってもやってみればそこまでめんどうくさくもないのですが）、損失の平均値と利益の平均値を測り、**リスク・リワードレシオが1：2以上になることを目標**にしてみましょう。

もしも、**リスク・リワードレシオが1：1以下の場合は、いまの投資のやり方に改善が必要**ということになります。

多くの投資家が、リスク・リターンレシオの計算に近いことは行っていると思います。

一方、リスク・リワードレシオをちゃんと測っているかというと、あまり測っている投資家はいません。しかし、うまく増やし続けている投資家の多くは、このリスク・リワードレシオを測っている方が多いように思うのです。

なぜ多くの投資家は、リスク・リワードレシオを測らないのでしょうか。それは「めんどくさい」か「見たくない」からだと私は思います。実際、過去の私がそうでした。

リスク・リワードレシオは、過去の複数の取引を振り返り、平均値を求めることで算出しますので、手間がかかります。

また株式投資を行うと、**取引の8割はなにかしらの「後悔」が残る**といわれています。誰しもが一度は経験していると思いますが、買ったら株価が下がり始めて、売ったら株価が上がり始める、なんてことは日常茶飯事です。「誰かが後ろから見ているのではないか？」といった具合です。

もちろんそんなことはないのですが、**取引に感情を混ぜることで期待過剰となり、非合理的な取引を行った結果、「後悔」へとつながることが多い**です。そしてその後悔が、過去の検証作業の邪魔をしてしまうのではないか、と考えています。

ただでさえ、非合理的な取引を行ってしまいがちな私たちですが、本当に合理的な取引ができているかを確認せずに継続するのは、ゴールと反対方向を向いて走り始めることと変わりありません。

リスク・リワードレシオは、きちんとあなたの個別株投資がゴールの方向を向いているかを判断するためのコンパスであり、リスク・リワードレシオの改善は、個別株投資のレベルアップそのものなのです。

ガチ速FIREのポイント

めんどうくさがらずにリスク・リワードレシオで過去の検証をしよう！

19

ポート（7047）

FIREに一歩近づくお宝銘柄①

ガチ速FIRE戦略に必要な個別株投資先は、小型成長株の大きく上がる株だとお伝えしました。

ここでは具体例として**ポート（7047）**の事例を紹介します。

ポートは、主に就職、リフォーム、カードローンなど、「非日常領域」に特化したウェブメディアの運営を通して、人材支援サービス事業等を運営している企業です。

2023年3月時点で上場来高値を更新し、私が投資を始めた2022年7月からみて株価が**約2・4倍**に上がっています。

ポートへの投資は、2022年から2023年にかけて最大の利益となりました。一部利益確定も済み、売買の戦略としても理想的なパターンでした。

図2-21　ポート（7047）2022年3集

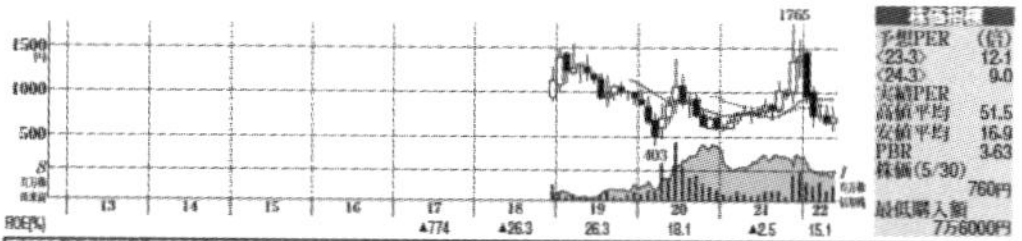

【サービス】
7047　ポート
【決算】3月【設立】2011.4【上場】2018.12

【特色】就職活動、リフォーム、カードローンの3分野のネットメディアを軸に運営。M&Aも積極的
【連結事業】就職33、リフォーム16、カードローン28、エネルギー13、新規・他10〈22・3〉

【好　調】新規参入のエネルギー領域は資源価格の高騰で低調。カードローンも顧客予算が縮小。ただ就職領域はマッチング率上昇、リフォームも提携先拡大が効いて伸びる。システム投資増をこなして営業増益。
【あの手この手】就職領域はSNSによる会員のイベント送客開拓。エネルギー領域はガス、再エネ関連とクロスセル強化。リフォーム領域はSMBC子会社と業務提携。

【本社】160-0023東京都新宿区西新宿8-17-1　☎03-5937-6731
【支社】160-0023東京都新宿区西新宿7-21-1
【銀行】三菱U, りそな, みずほ
【販売先】レントラックス
【連結】ドアーズ

【業績】(百万円)	売上高	営業利益	経常利益	純利益	1株益(円)	1株配(円)
18. 3*	1,931	▲133	▲136	▲137	▲13.6	0
19. 3	3,039	542	517	549	50.2	0
20. 3	4,103	699	708	382	33.9	0
21. 3	4,704	▲66	▲62	▲52	▲4.7	0
◇22. 3	6,994	599	564	332	29.0	0
◇23. 3予	9,300	1,200	1,100	700	62.9	0
◇24. 3予	12,300	1,580	1,480	940	84.5	0
◇21.4~9	2,914	123	105	57	5.0	0
◇22.4~9予	3,900	250	230	120	10.8	0
会23. 3予	9,300	1,200	1,100	700	(22.5.13発表)	

2022年3集
https://www.theport.jp/

私が初めてポートに注目したのは、2022年7月のことです。株探の人気テーマだった「メタバース」の関連銘柄で発見した銘柄です。

当時の四季報（2022年3集）に掲載されていたポートの欄が図2-21です。

まず業績欄を見て、2022年3月期～2024年3月期予想までの**成長率の高さに注目**しました。3期の売上高成長率の平均が27・3%、営業利益成長率の平均が61・7%でしたので、目をつける株式の基準①をクリアしています。

またその間の**売上高営業利益率は8・5%から12・8%まで上昇する予想**になっており、基準②も問題ありません。

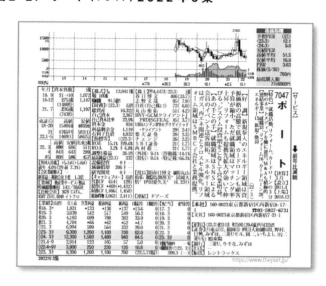

チャートを見ると、２０２１年11月には高値１７６５円をつけていながら急落。株価は半値以下まで下落した結果、**来期予想ＰＥＲ９倍となっており、割安に感じることができました。**基準③もクリアです。

自己資本比率は22・９％と低めだったので詳しく調べる必要はありますが、営業ＣＦは、２期連続の黒字が出ています。

ここから、株探、四季報オンライン、銘柄スカウター、ホームページ、決算資料、ＹｏｕＴｕｂｅの検索などの具体的な分析を始めました。

ポートの事業は、ウェブメディアの運営という、よくあるものだと始めは思ったのですが、分析を継続していく過程で「非日常」に特化していることが見えてきました。

また**ポートへの投資を決断した最大の理由は、じつはＹｏｕＴｕｂｅの動画**です。「Ｍ＆Ａバンク」というＹｏｕＴｕｂｅチャンネルの中で、ポート代表取締役の春日博文氏が出演した動画[1]を見て投資を決断しました。

この動画の中で、ポートが約20億円でＭ＆Ａした株式会社ＩＮＥについての話が詳しく解説されています。簡単にまとめると、買収に使用した20億円は三菱ＵＦＪ銀行から有利な条件で借り入れた、とのことでした。

それだけ買収先のＩＮＥの成長性や価値が高く、買収するポートの信用も高いことがイメージできました。

また、買収される側のＩＮＥ代表取締役の伊藤圭二氏も同チャンネル内の動画[2]に出演して、Ｍ＆Ａ時の話を具体的にしています。

この動画の中では、伊藤氏の経歴（光通信出身）、ＩＮＥの事業内容や実績、Ｍ＆Ａ時の決め手について話されており、ポート社の春日氏がどのようにＩＮＥに対してアプローチしていったかがよくわかります。とくに、「ほかの会社はＭ＆Ａ担当者みたいな人が根掘り葉掘り質問をして帰っていくが、春日さんだけは最初から社長自らが来て話をしてくれた」という伊藤氏の発言がとても印象的でした。

ポートがＩＮＥを買収したといっても、ポートのＩＮＥ株式保有比率は50％を超

（注1）「【速報】ポート社が40億円企業を子会社化、エネルギー領域に参入!? Vol. 557【ポート・春日博文代表】」

（注2）「【ポート社過去最大のＭ＆Ａ】あのディールの売り手はすごい方でした」Vol. 593【ＩＮＥ・伊藤圭二代表①】」「【売り手の気持ち】ポート社の子会社化を振り返って…」Vol. 594【ＩＮＥ・伊藤圭二代表②】」

える程度です。ＬＩＮＥも存続する中で、手を取り合ってお互い成長していくためのＭ＆Ａになっていると、これらの動画から感じることができました。

このように**「とことん分析」をした結果、ポートは信用できる投資先だと判断できました。**だからこそ、この銘柄に多くの資金を投資することができ、２０２２年最大の利益につながったのです。

大きな利益を得るための最大のポイントは、定量分析から目標株価の高い銘柄を見つけ出し、その達成確率に自信を持てるか、という点になります。

自信が持てるからこそ、多額の資金をその銘柄に集中して、多少のブレに惑わされることなく、一定の上昇率まで持ち続けることができるのです。

ガチ速
FIREの
ポイント

目標株価の高い銘柄に対して達成確率の根拠を探せ！

20 ユーグレナ（2931）

FIREに一歩近づくお宝銘柄②

ガチ速ＦＩＲＥ戦略においては、中小型成長株への長期投資による大きな利益が必要であることを述べてきました。長期投資における重要なポイントについてお話ししておきます。

世界で１０００万部以上も売れた『ビジョナリーカンパニー』シリーズは長期投資の参考になる書籍です。その総括ともいえる、最新作の『ビジョナリーカンパニーＺＥＲＯ』（ジム・コリンズ、ビル・ラジアー著、日経ＢＰ）では、長期投資における一番重要な指標を、「バスの重要な座席のうち、そこにふさわしい人材で埋まっている割合」と表現しています。

つまり、**長期投資において最も重要になるのは、「人」**です。株式投資は、「株」に対する投資で、それはすなわち「会社」に対する投資です。そして会社では経営者や従業員が働いているわけなので、間接的には「人」への投資と考えられるのです。

その会社にいる「人」が、何を思い、なんのために、どんな仕事をしているのか？

ここが投資を決断する際に重要なポイントになります。

私が「人」を見て投資を決めた会社に**ユーグレナ（2931）**があります。

ユーグレナは代表取締役社長である出雲充氏が、学生時代に訪れたバングラデシュで、栄養失調に苦しむ子どもと出会ったことが原体験となり、子どもたちに栄養満点な食べ物を届けたいとの想いで設立された企業です。そしてその想いはブレることなく、現在まで貫かれています。

私がユーグレナに注目し始めたのは、2021年3月に「バイオジェット燃料完成」のニュースを見たときです。

すぐに会社四季報を手に取り、**ユーグレナの業績を確認したところ、売上高の成長**

図2-22 ユーグレナ（2931）2021年2集

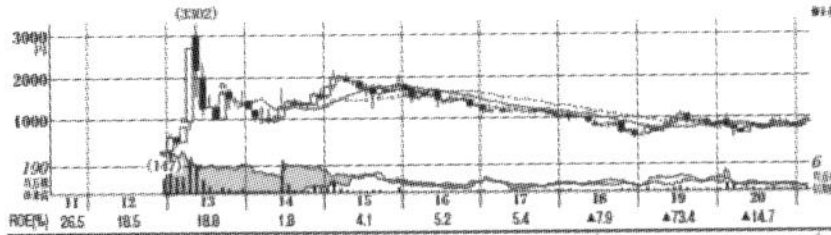

予想PER （倍）
〈21.9〉
〈22.9〉
実績PER
高値平均
安値平均
PBR 9.26
株価(3/1) 897円
最低購入額 8万9700円

【食料品】

2931 (株)ユーグレナ

【決算】9月 【設立】2005.8 【上場】2012.12

【特色】微細藻ミドリムシを活用した機能性食品、化粧品を販売。バイオジェット燃料の商業化に意欲
【連結事業】ヘルスケア100(1)、エネルギー・環境0 〈20・9〉
(▲63133)

【赤字続く】ヘルスケアは化粧品減をブランド販促強化による健康食品伸長で補い前販堅調。期中化粧品会社買収も売上上乗せ。バイオ燃料は開発費先行で利益水面下。広告宣伝費増が限定的で営業赤字小幅縮小。

【共同出資】健康食品等のキューサイ（19年度売上249億円）に再生ファンド等と2月共同出資。1年内に持分比率を49％（現13％弱）に上げて子会社化する意向。

↑前号比増額

年月	【資本異動】	万株
18. 4	交換	8,579
19. 4	合併	9,203
19. 6	交換	9,291
20.12	現物出資	9,316
21. 3	交換	9,522

東証	高値	安値
12~18	1651(00.3)	51(8.08)
19	1150(7)	564(1)
20	1050(2)	498(3)

	高値	安値	出来万株
20.12	876	750	1,590
21. 1	907	752	1,149
2	1027	840	1,828

【四季報指数】▲19.6pt(5.2%)
時価総額 0.71倍(1201億円)
【採用】初…(…)
予…(…)
【業種】バイオテクノロジー
時価総額順位 9/41社
【比較会社】2385 総医研HD、4925 ハーバー研、2930 北の達人

【株式】¹⁄₂₈ 93,166千株
単位 100株 [貸借] [優待]
時価総額 854億円
【財務】〈連20.12〉 百万円
総資産 17,999
自己資本 9,015
自己資本比率 50.1%
資本金 7,328
利益剰余金 ▲445
有利子負債 6,675
【指標等】〈連20.9〉
ROE ▲14.7% 予▲14.4%
ROA ▲9.7% 予 ▲7.2%
調整1株益 一円
最高純益(17.9) 785
設備投資 358 予…
減価償却 567 予…
研究開発 1,194 予…
【キャッシュフロー】 億円
営業CF ▲1,217(1,089)
投資CF ▲350(▲1,436)
財務CF 162(2,713)
現金同等物 6,253(7,791)

【株主】㉑84,396名〈20.9〉 万株
出雲充 1,225(13.1)
日本マスター信託口 364(3.9)
日本カストディ信託口 200(2.1)
日本カストディ信託口5 178(1.9)
ENEOSHLD 100(1.0)
東京センチュリー 100(1.0)
日本カストディ信託口6 97(1.0)
SMBC日興証券 93(1.0)
日本カストディ信託口1 93(1.0)
鈴木健吾 88(0.9)
〈外国〉 6.4% 〈浮動株〉41.6%
〈投信〉10.5% 〈特定株〉27.5%

【役員】(社)出雲充 (副社)永田暁彦 (取)岡島悦子 琴坂将広* (監)清水誠* 望月愛子* 村上未来*

【連結】八重山殖産、エポラ

【業績】(百万円)	売上高	営業利益	経常利益	純利益	1株益(円)	1株配(円)
連18. 9	15,174	▲1,379	▲1,096	▲1,252	▲14.7	0
連19. 9	13,967	▲7,460	▲7,073	▲9,798	▲107.3	0
連20. 9	13,317	▲1,807	▲1,457	▲1,486	▲16.0	0
連21. 9予	17,000	▲1,600	▲1,200	▲1,300	▲13.7	0
連22. 9予	18,000	▲1,500	▲1,100	▲1,200	▲12.6	0
連19.10~3	6,081	▲360	▲137	▲143	▲1.6	0
連20.10~3予	8,000	▲800	▲600	▲650	▲6.8	0
連19.10~12	3,219	▲244	▲216	▲252	▲2.7	
連20.10~12	3,910	▲365	▲306	▲360	▲3.9	
会21. 9予	15,200	…	…	…	(20.11.13発表)	

【配当】	配当金(円)
15. 9	0
16. 9	0
17. 9	0
18. 9	0
19. 9	0
20. 9	0
21. 9予	0

予想配当利回り 一%
1株純資産(円)〈連20.12〉 96.8 (100.6)

【本社】108-0014東京都港区芝5-29-11 G-BASE田町 ☎03-3453-4907
【中央研究所】横浜市鶴見区小野町75-1 【生産技術研究所】沖縄県石垣市白保287-14 【営業所】大阪市淀川区西中島7-1-26
【従業員】〈20.12〉連314名 単201名(39.1歳)[年]614万円
【証券】[上]東京 [幹](主)日興 (副)野村、みずほ、SBI、香川 [名]三菱U信 [監]トーマツ
【銀行】三井住友、みずほ
【仕入先】三協、アピ、日本コルマー
【販売先】一般顧客、伊藤忠商事、武田CH

2021年2集

https://www.euglena.jp/

[優待] 自社指定商品

率が大きい一方、赤字の金額も大きく、投資をすべきか疑問が生じました（図2-22）。

利益を求める株式市場から見ると、巨額の赤字を出してまでバイオジェット燃料のプロジェクトを先行するユーグレナの姿勢は評価しづらいところがあり、一部の投資家からは嫌われる傾向にあります。

疑問を解消するため、とことん分析を行いました。もちろん赤字企業のため「目標株価」の算出はできません。だからこそ、投資判断が難しく感じていましたが、その疑問は分析後に希望へと変わっていきました。

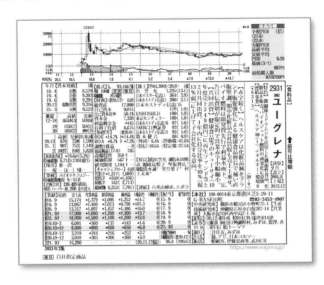

ユーグレナは初の国産バイオジェット燃料の研究開発を進めていますが、その過程には私たちでは想像もつかないような大きな壁があります。

サステナブルタイムズの記事[3]に、山積していた課題を乗り越えてきた過程の一部が記載されています。中でも、世界最大級の石油会社シェブロンとのライセンス契約のエピソードから、このプロジェクトを担当していた経営戦略担当取締役（現取締役代表執行役員CEO）の永田暁彦氏の並々ならぬ気持ちの強さを感じることができました。

2023年本決算資料によると、2025年の大規模燃料プラント完成後、バイオジェット燃料の製造コスト低下、供給量増加により燃料事業の黒字化を計画しているそうです。

ユーグレナの信念には素晴らしさを感じますし、出雲氏や、永田氏を始めとするほかの役員の言動の一貫性から、**いつかきっと大きなことをやり遂げてくれるのではないか**と期待を持たせてくれました。

だからこそ、株価が下落したときに、分散して買い進め、まとまった金額を投資し、保有し続けることができています。

会社の業績だけではなく、人（主に社長）の発言や表情から、その考え方に共感できるか、そしてその発言に一貫性を持ち、やり切る力を持っているかどうか、を検討することは、小型成長株を通して、長期投資で大きな利益を生むために重要な要素です。

ガチ速FIREのポイント

会社の業績だけでなく、「人」に共感できるかどうかも重要

（注3）サステナブルタイムズ「日本初のバイオジェット燃料製造プラントを建設せよ。」

21

全研本社（７３７１）

ＦＩＲＥに一歩近づくお宝銘柄③

長期投資における重要なポイントの１つは、前パートでお伝えした「人」ですが、もう１つ重要なポイントがあります。それは、**企業が持っている「独自の強み」が「社会課題の解決」に向かっているか**、です。

私がその観点から投資を決めた会社に**全研本社（７３７１）**という会社があります（２０２３年10月１日に「Ｚｅｎｋｅｎ株式会社」に商号変更）。この会社は、１９７８年創業の歴史ある企業であり、「研修」に関係するさまざまな業務を行っていました。

ただ、この会社はすでに業態変更しており、コンテンツマーケティングというＩＴ系の事業を軸に、社会課題解決に向けて海外人材事業の確立に向けて動きを進めています。

図2-23 全研本社(7371)2022年1集

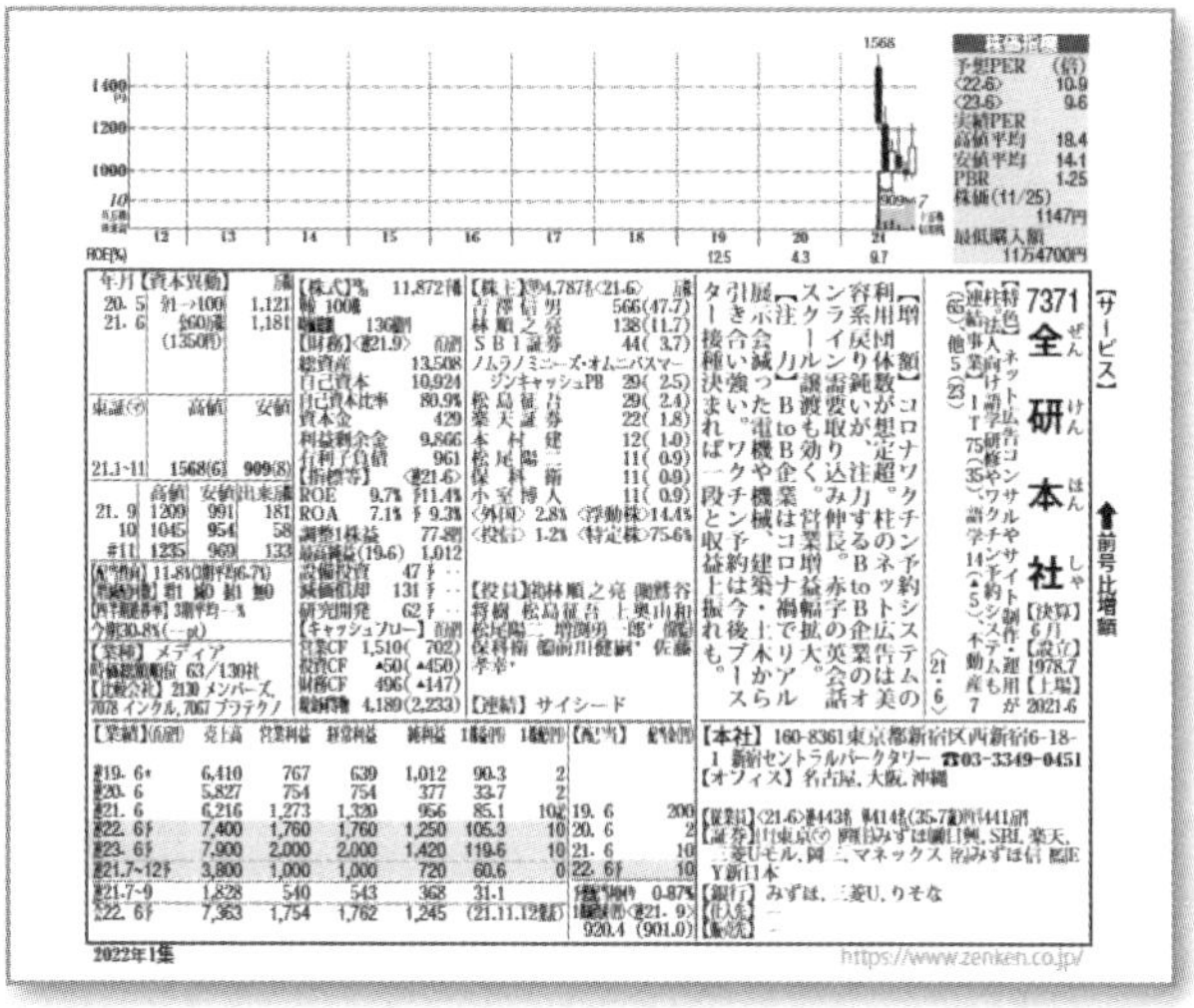

【サービス】

7371 全《ぜん》研《けん》本《ほん》社《しゃ》

【決算】6月 【設立】1978.7 【上場】2021.6

【特色】ネット広告コンサルやサイト制作・運用が柱。法人向け語学研修やワクチン予約システムも

【連結事業】IT 75(35)、語学 14(▲5)、不動産 7(65)、他 5(23)〈21・6〉

【増額】コロナワクチン予約システムの利用団体数が想定超。柱のネット広告は美容系戻り鈍いが、注力するBtoB企業のオンライン需要取り込み伸長。赤字の英会話スクール譲渡も効く。営業増益幅拡大。

【注力】BtoB企業はコロナ禍でリアル展示会減った電機や機械、建築・土木から引き合い強い。ワクチン予約は今後ブースター接種決まれば一段と収益上振れも。

【本社】160-8361東京都新宿区西新宿6-18-1 新宿セントラルパークタワー ☎03-3349-0451

【オフィス】名古屋、大阪、沖縄

【株式】11,872千株 単位 100株

【財務】〈連21.9〉百万円 総資産 13,508 自己資本 10,924 自己資本比率 80.9% 資本金 429 利益剰余金 9,866 有利子負債 961

【指標等】〈連21.6〉 ROE 9.7% 予11.4% ROA 7.1% 予9.3% 調整1株益 77.8円 最高純益(19.6) 1,012 設備投資 47 予‥ 減価償却 131 予‥ 研究開発 62 予‥

【キャッシュフロー】百万円 営業CF 1,510(702) 投資CF ▲50(▲450) 財務CF 496(▲147) 現金同等物 4,189(2,233)

【株主】〈21.6〉 吉澤信男 566(47.7) 林順之亮 138(11.7) SBI証券 44(3.7) ノムラノミニーズ・オムニバスマージンキャッシュPB 29(2.5) 松島稔吾 29(2.4) 楽天証券 22(1.8) 本村健 12(1.0) 松尾陽二 11(0.9) 保科衛 11(0.9) 小室博人 11(0.9) 〈外国〉 2.8% 〈浮動株〉14.4% 〈投信〉 1.2% 〈特定株〉75.6%

【連結】サイシード

【業種】メディア

【比較会社】2130 メンバーズ, 7078 インクル, 7067 ブランディングテクノロジー

【業績】(百万円)	売上高	営業利益	経常利益	純利益	1株益(円)	1株配(円)
19.6*	6,410	767	639	1,012	90.3	2
20.6	5,827	754	754	377	33.7	2
21.6	6,216	1,273	1,320	956	85.1	10
22.6予	7,400	1,760	1,760	1,250	105.3	10
23.6予	7,900	2,000	2,000	1,420	119.6	10
21.7~12予	3,800	1,000	1,000	720	60.6	0
21.7~9	1,828	540	543	368	31.1	
22.6予	7,363	1,754	1,762	1,245	(21.11.12)	

【配当】	配当金(円)
19.6	200
20.6	2
21.6	10
22.6予	10

	高値	安値
21.1~11	1568(6)	909(8)

	高値	安値	出来高
21.9	1209	991	181
10	1045	954	58
#11	1235	969	133

【銀行】みずほ、三菱U、りそな

予想PER (倍) 〈22.6〉 10.9 〈23.6〉 9.6

実績PER 高値平均 18.4 安値平均 14.1

PBR 1.25

株価(11/25) 1147円

最低購入額 11万4700円

2022年1集

https://www.zenken.co.jp/

この銘柄に初めて注目したのは、2021年の12月でした。何気なく会社四季報を見ていたときに、**業績の成長率の高さに加えPERの安さ**に注目しました（図2-23）。

また、**当時の時価総額が100億円前後**と、「小型成長株」に部類される銘柄で、私の好みに感じ、すぐにとことん分析に移りました。

とことん分析の過程で全研本社が取り組んでいることに、強みと可能性を感じることができました。日本は、少子高齢化による生産年齢人口の減少が大きな社会課題となっています。

とくにその中でもIT人材不足が懸

念されており、経済産業省の試算によれば２０２０年時点で約37万人もの人材が不足しており、２０３０年には最大で79万人不足するとのシナリオもあります。

この問題を解決するために注目されているのが「海外ＩＴ人材」であり、ここに全研本社の独自の強みがあります。全研本社は、優秀なＩＴ人材の発掘先としてインドに目をつけました。インドはマイクロソフトのサティア・ナデラＣＥＯやグーグルのスンダー・ピチャイＣＥＯなどの、シリコンバレーで活躍するＩＴ人材を輩出しています。

全研本社はインドの中でも、インドのシリコンバレーと呼ばれるベンガルールとつながりを持っています。**全研本社はインドのベンガルールの大学と独占契約を結び、日本のＩＴ企業と人材をマッチングさせるサービスを構築**しています。ベンガルールについては、日本からの直行便がなく、日本企業が進出できていません。その点では独自性があるといえそうです。

また全研本社の祖業である語学学習と研修のノウハウにより、就職前の日本語研修もできます。

日本のＩＴ企業からすれば、優秀なインド出身のＩＴ人材を、日本語も話せる状態で即戦力として雇用できるのならばとてもいいサービスです。

「ベンガルールの大学との独占契約×祖業の語学研修」という独自の強みを掛け合わせ、さらに**日本の社会課題解決に役に立つ可能性**があるので、いずれ必要不可欠となるサービスとなる可能性を感じました。

残念ながら、まだ大きな成果に結びついておらず、2023年5月現在では株価が低迷しています。

このビジネスが大きな成果を残し、株価の大化けにつながるかはわかりませんが、経営者の決算説明の言葉から感じる一貫性や自信などを判断材料として、私は長期投資の対象として、とれるリスクの範囲内で少しずつ買い増しを行っています。

ガチ速FIREのポイント

「独自の強み×社会課題解決」は長期投資のテーマになりうる

FIREに一歩近づくお宝銘柄④

22 ベースフード（2936）

社会課題をテーマにして投資対象を検討することも有効ですし、いま話題のテーマに乗っていくことも重要です。ただし、**絶対になくならないテーマ**を対象として投資をしていくことも重要といえます。

とくに私は**「健康」**というテーマにおいての投資を重要視しています。それは私自身にとって「健康」が大きなテーマだからです。「健康」でいることで投資以外のパフォーマンスを上げることもできるし、家族や友人との交流、趣味への行動力などさまざまなことにプラスに働いてくれます。

「健康」というテーマで私が興味を持った会社に、**ベースフード**（**2936**）という

図2-24 ベースフード（2936）2023年1集

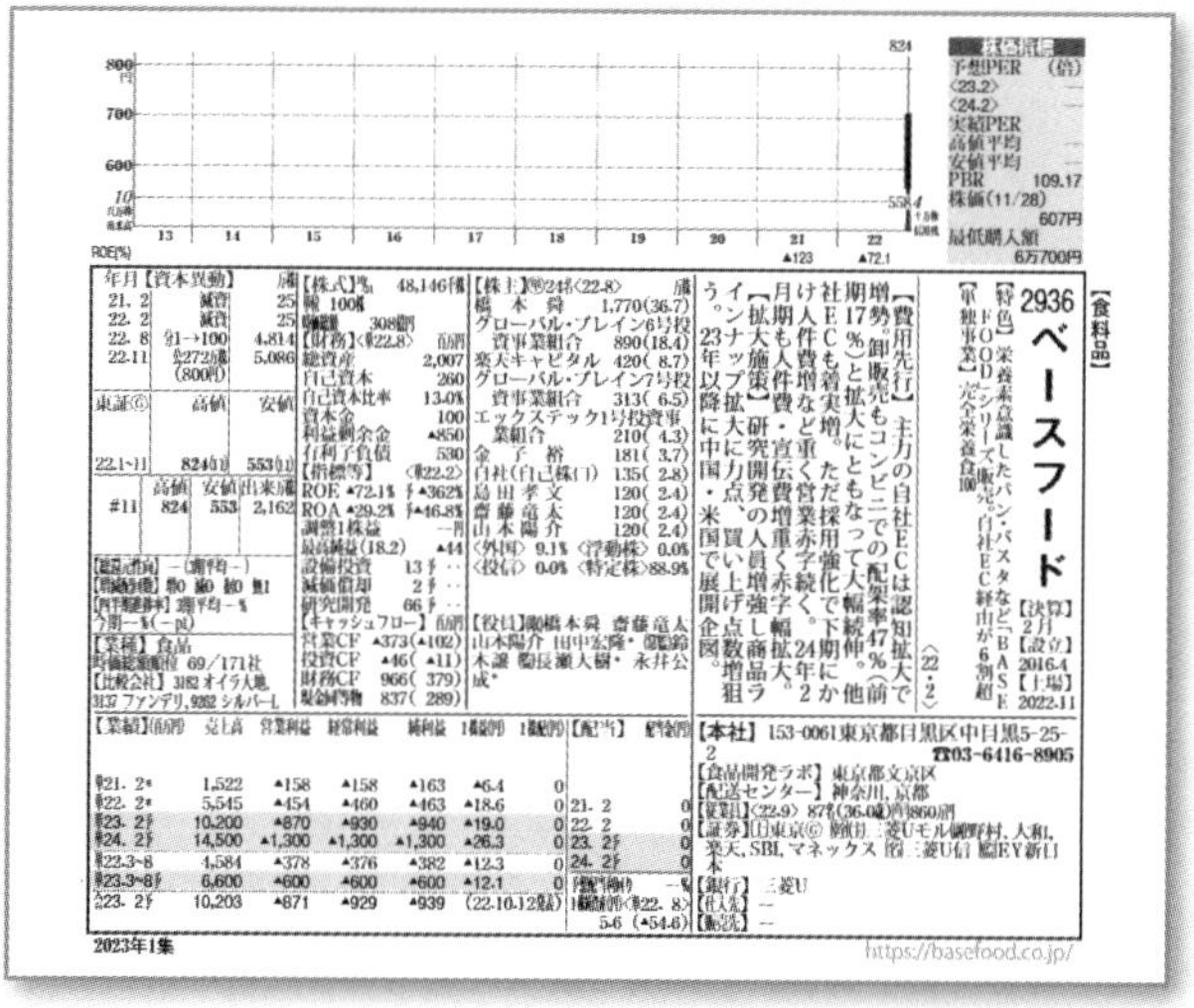

【食料品】
2936 ベースフード
【決算】2月 【設立】2016.4 【上場】2022.11

【特色】栄養素意識したパン・パスタなど「BASE FOOD」シリーズ販売。自社EC経由が6割超
【単独事業】完全栄養食100 〈22・2〉

【費用先行】主力の自社ECは認知拡大で増勢。卸販売もコンビニでの配架率47%（前期17%）と拡大にともなって大幅続伸。他社ECも着実増。ただ採用強化で下期にかけ人件費増など重く営業赤字続く。24年2月期も人件費・宣伝費増重く赤字幅拡大。

【拡大施策】研究開発の人員増強し商品ラインナップ拡大に力点、買い上げ点数増狙う。23年以降に中国・米国で展開企図。

株価指標
予想PER（倍）〈23.2〉 — 〈24.2〉 —
実績PER —
高値平均 —
安値平均 —
PBR 109.17
株価（11/28） 607円
最低購入額 6万7700円

年月	【資本異動】	万株
21. 2	減資	25
22. 2	減資	25
22. 8	分1→100	4,814
22.11	公272万株（800円）	5,086

東証⑥	高値	安値
22.1~11	824(11)	553(11)

	高値	安値	出来高
#11	824	553	2,162

【業種】食品 時価総額順位 69／171社
【比較会社】3182 オイシックス・ラ・大地, 3137 ファンデリ, 9262 シルバーライフ

【株式】48,146千株 単位 100株 時価総額 308億円
【財務】〈単22.8〉百万円
総資産 2,007
自己資本 260
自己資本比率 13.0%
資本金 100
利益剰余金 ▲850
有利子負債 530
【指標等】〈単22.2〉
ROE ▲72.1% 予▲362%
ROA ▲29.2% 予▲46.8%
調整1株益 —円
最高純益（18.2） ▲44
設備投資 13 予‥
減価償却 2 予‥
研究開発 66 予‥
【キャッシュフロー】百万円
営業CF ▲373（▲102）
投資CF ▲46（▲11）
財務CF 966（379）
現金同等物 837（289）

【株主】単24名〈22.8〉 万株
橋本舜 1,770（36.7）
グローバル・ブレイン6号投資事業組合 890（18.4）
楽天キャピタル 420（8.7）
グローバル・ブレイン7号投資事業組合 313（6.5）
エックステック1号投資事業組合 210（4.3）
金子裕 181（3.7）
自社（自己株口） 135（2.8）
島田孝文 120（2.4）
齋藤竜太 120（2.4）
山本陽介 120（2.4）
〈外国〉9.1% 〈浮動株〉0.0%
〈投信〉0.0% 〈特定株〉88.9%
【役員】（社）橋本舜 齋藤竜太 山本陽介 田中宏隆・（監）鈴木謙 （監）長瀬大樹・永井公成・

【業績】（百万円）	売上高	営業利益	経常利益	純利益	1株益（円）	1株配（円）
単21. 2＊	1,522	▲158	▲158	▲163	▲6.4	0
単22. 2＊	5,545	▲454	▲460	▲463	▲18.6	0
単23. 2予	10,200	▲870	▲930	▲940	▲19.0	0
単24. 2予	14,500	▲1,300	▲1,300	▲1,300	▲26.3	0
単22.3~8	4,584	▲378	▲376	▲382	▲12.3	0
単23.3~8予	6,600	▲600	▲600	▲600	▲12.1	0
会23. 2予	10,203	▲871	▲929	▲939	（22.10.12発表）	

【配当】	配当金（円）
21. 2	0
22. 2	0
23. 2予	0
24. 2予	0

予想配当利回り —%
1株純資産（円）〈単22. 8〉 5.6（▲54.6）

【本社】153-0061東京都目黒区中目黒5-25-2 ☎03-6416-8905
【食品開発ラボ】東京都文京区
【配送センター】神奈川, 京都
【従業員】〈22.9〉87名（36.0歳）年860万円
【証券】上東京⑥ 幹（主）三菱Uモル（副）野村, 大和, 楽天, SBI, マネックス 名三菱U信 監EY新日本
【銀行】三菱U
【仕入先】—
【販売先】—

2023年1集
https://basefood.co.jp/

会社があります。この企業のミッションは、「主食をイノベーションし、健康をあたりまえに」です。コンビニで「BASE BREAD」や「BASE Cookies」シリーズを見かけたことがある人も多いのではないでしょうか？

最初にベースフードを知ったときはまだ上場前でしたが、この企業が上場してくることになり、企業分析を始めました（図2-24）。

初めて分析をしたときには、まだ赤字が大きく黒字化のイメージが持てなかったのですが、四季報を毎号チェックしていく中で、**売上高の成長率が大きくな**

り、成長に勢いを感じるようになりました。そこで再度注目し、とことん分析をした結果、投資を行う決断をしました。

ベースフード代表取締役の橋本舜氏は、食品業界の出身者ではなく、ＤｅＮＡ出身の起業家です。ＩＴ企業出身の橋本氏が「健康」という社会課題に向き合い、完全栄養食の開発販売を行っています。**ベースフードが、ほかの食品企業と明らかに違う点は、デジタルディープテックを活用した高速の商品開発を行っている点**です。

ベースフードは多くのＡＩエンジニアを抱え、商品開発にＡＩを活用することで、他社に真似できない速度で急速に商品改良を行っているのです。

最初に私がベースフードの商品を食べたときの感想は、「決して不味くはない」といったもので、健康になるなら食べる、というレベルの味でした。しかし、最近の「BASE BREAD」は明らかに「美味しい」と思えるようになっています。

味の変化のスピードに、商品開発における**「独自の強み」**を感じ取ることができます。

健康に関する社会課題は、年々さらに深刻になっているように感じています。私自身が健康に気を使うようになって初めて気づかされた分野でもありますが、これは私たち人間にとって絶対になくなることのない投資テーマだと思います。

「健康」というテーマの中で、独自の強みと成長余地を持っている銘柄をいまのうちから探しておきましょう！

ガチ速
FIREの
ポイント

「絶対になくならないテーマ」には投資のチャンスが眠っている

23

FIREに一歩近づくお宝銘柄⑤

神戸物産（3038）

株式投資をしているというだけで、何か特別なことをしているという感覚はないでしょうか？

しかし、**株式投資は特別なことではなく、身近な生活の中にもかなりヒントが隠れています。**

生活の中からヒントを得て投資をした企業の1つが、業務スーパーをフランチャイズで展開する**神戸物産（3038）**です。気になり始めたきっかけは会社四季報です（図2-25）。業績の成長が強かったので、注目していました。

そんな折、妻の誘いで業務スーパーの実店舗に行ってみることにしました。店舗に

図2-25 神戸物産(3038)2019年2集

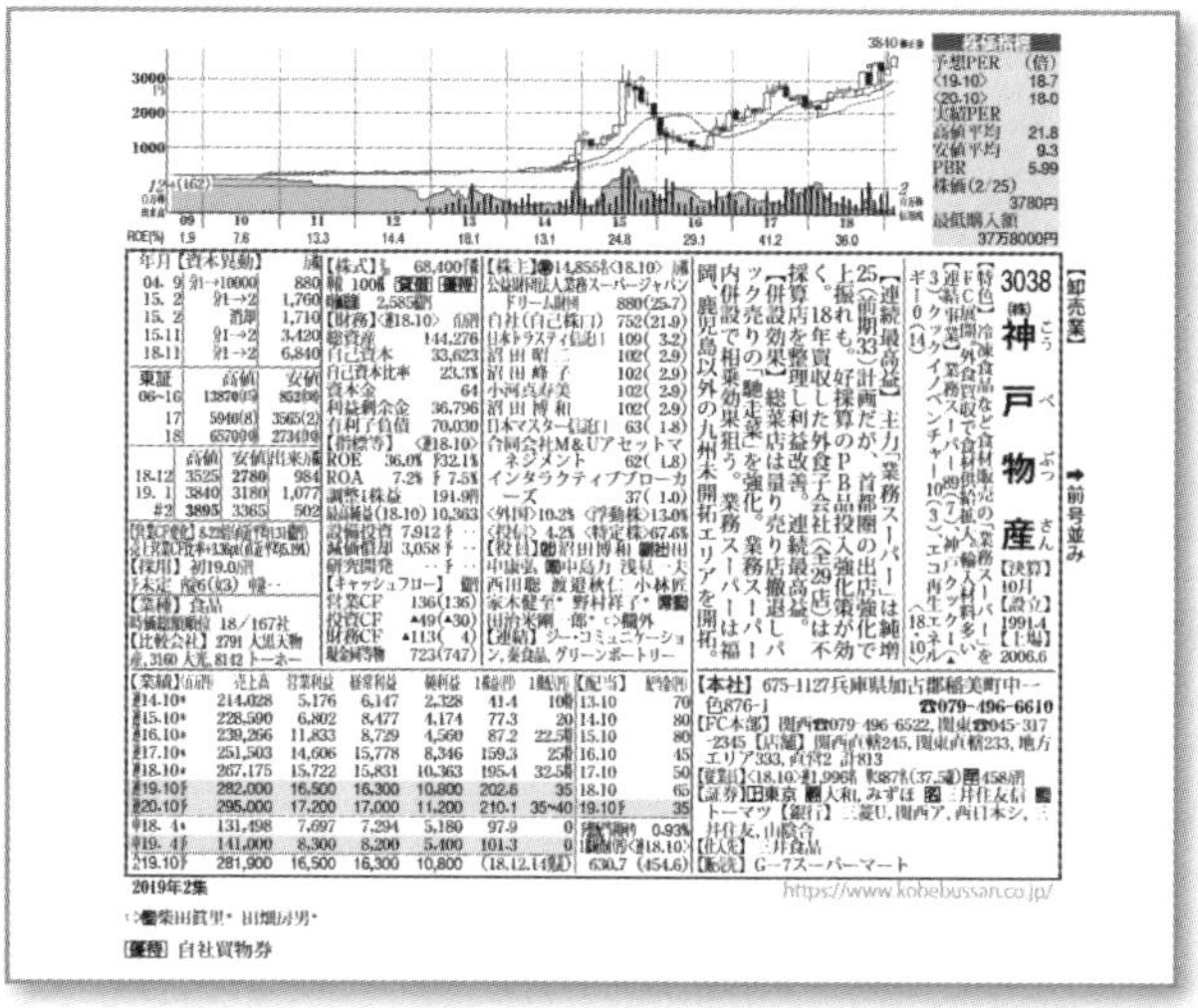

【卸売業】 ➡前号並み

3038 (株)神《こう》戸《べ》物《ぶっ》産《さん》 【決算】10月 【設立】1991.4 【上場】2006.6

【特色】冷凍食品など食材販売の「業務スーパー」をFC展開。外食買収で食材供給拡大。輸入材料多い
【連結事業】業務スーパー89(7)、神戸クック1(▲3)、クックイノベンチャー10(3)、エコ再生エネルギー0(14)〈18.10〉

【連続最高益】主力「業務スーパー」は純増25(前期33)計画だが、首都圏の出店強化で上振れも。好採算のPB品投入強化策が効く。18年買収した外食子会社(全29店)は不採算店を整理し利益改善。連続最高益。
【併設効果】総菜店は量り売り店撤退しパック売りの「馳走菜」を強化。業務スーパー内併設で相乗効果狙う。業務スーパーは福岡、鹿児島以外の九州未開拓エリアを開拓。

予想PER (倍) 〈19.10〉 18.7 〈20.10〉 18.0
実績PER 高値平均 21.8 安値平均 9.3
PBR 5.99
株価(2/25) 3780円
最低購入額 37万8000円

ROE(%) 09 1.9 / 10 7.6 / 11 13.3 / 12 14.4 / 13 18.1 / 14 13.1 / 15 24.8 / 16 29.1 / 17 41.2 / 18 36.0

年月【資本異動】		万株
04. 9	分1→10000	880
15. 2	分1→2	1,760
15. 2	消却	1,710
15.11	分1→2	3,420
18.11	分1→2	6,840

東証	高値	安値
06~16	13870(15)	8520(06)
17	5940(8)	3565(2)
18	6570(9)	2734(9)

	高値	安値	出来万株
18.12	3525	2780	984
19. 1	3840	3180	1,077
#2	3895	3365	502

【営業CF増減】
【採用】初19.0万円 予定 院6(13)
【業種】食品 時価総額順位 18／167社
【比較会社】2791 大黒天物産, 3160 大光, 8142 トーホー

【株式】 68,400千株 単位 100株 貸借 優待
時価総額 2,585億円
【財務】〈連18.10〉 百万円
総資産 144,276
自己資本 33,623
自己資本比率 23.3%
資本金 64
利益剰余金 36,796
有利子負債 70,030
【指標等】〈連18.10〉
ROE 36.0% 予32.1%
ROA 7.2% 予7.5%
調整1株益 191.9円
最高純益(18.10) 10,363
設備投資 7,912 予‥
減価償却 3,058 予‥
研究開発 ‥ 予‥
【キャッシュフロー】 億円
営業CF 136(136)
投資CF ▲49(▲30)
財務CF ▲113(4)
現金同等物 723(747)

【株主】14,855名〈18.10〉 万株
公益財団法人業務スーパージャパンドリーム財団 880(25.7)
自社(自己株口) 752(21.9)
日本トラスティ信託口 109(3.2)
沼田昭二 102(2.9)
沼田峰子 102(2.9)
小河真寿美 102(2.9)
沼田博和 102(2.9)
日本マスター信託口 63(1.8)
合同会社M&Uアセットマネジメント 62(1.8)
インタラクティブブローカーズ 37(1.0)
〈外国〉10.2% 〈浮動株〉13.0%
〈投信〉4.2% 〈特定株〉67.6%
【役員】(会)沼田博和 (副社)田中康弘 (専)中島力 浅見一夫 西田聡 渡邉秋仁 小林匠 家木健至* 野村祥子* (常監)田治米剛一郎* 〈>補欠
【連結】ジー・コミュニケーション, 秦食品, グリーンポートリー

【業績】(百万円)	売上高	営業利益	経常利益	純利益	1株益(円)	1株配(円)
連14.10*	214,028	5,176	6,147	2,328	41.4	10
連15.10*	228,590	6,802	8,477	4,174	77.3	20
連16.10*	239,266	11,833	8,729	4,560	87.2	22.5
連17.10*	251,503	14,606	15,778	8,346	159.3	25
連18.10*	267,175	15,722	15,831	10,363	195.4	32.5
連19.10予	282,000	16,500	16,300	10,800	202.6	35
連20.10予	295,000	17,200	17,000	11,200	210.1	35~40
中18. 4*	131,498	7,697	7,294	5,180	97.9	0
中19. 4予	141,000	8,300	8,200	5,400	101.3	0
会19.10予	281,900	16,500	16,300	10,800	(18.12.14発表)	

【配当】	配当金(円)
13.10	70
14.10	80
15.10	80
16.10	45
17.10	50
18.10	65
19.10予	35
予想配当利回り	0.93%
1株純資産(円)〈連18.10〉	630.7 (454.6)

【本社】675-1127兵庫県加古郡稲美町中一色876-1 ☎079-496-6610
【FC本部】関西☎079-496-6522, 関東☎045-317-2345 【店舗】関西直轄245, 関東直轄233, 地方エリア333, 直営2 計813
【従業員】〈18.10〉連1,996名 単387名(37.5歳)年458万円
【証券】上東京 幹大和, みずほ 名三井住友信 監トーマツ 【銀行】三菱U, 関西ア, 西日本シ, 三井住友, 山陰合
【仕入先】三井食品
【販売先】G-7スーパーマート

2019年2集

https://www.kobebussan.co.jp/

〈>監柴田眞里* 田畑尚男*

[優待] 自社買物券

入ってみると、「業務スーパー」という名前のとおり、業務用の安価で、他のスーパーにはない商品が並んでいました。その安さに興奮して、つい、いろいろなものを購入した記憶があります。「これは独自の強みにつながるかもしれない」と思いとことん分析を始めました。

とことん分析を進める中で、他社（大手のスーパーなど）と違う強みがないかと、マネックス証券の銘柄スカウターで同業他社の比較をしていました。すると、あることに気がつきました。

神戸物産は、**売上原価が高く売上総利益率が低い（他社の売上総利益率20～30%に**

対して10％前後）にもかかわらず、営業利益率が一番高かった（他社の営業利益率3％前後に対して7～8％）のです。

損益計算書上において、利益率の高さは「強み」の可能性を高めます。利益率が高ければ、店舗展開や商品開発により力を入れることができ、さらに強みの独自性を高められるためです。

なぜ売上総利益率は低い（原価率は高い）のに、営業利益率は高い（販売費及び一般管理費が安い）のかが気になり、さらに調査を進めるために、YouTubeで「業務スーパー」と検索をしてみました。

すると、有名YouTuberたちがこぞって「業務スーパーおすすめ商品10選」といった動画を出していました。そのほかにも、「業務スーパーの冷凍食品を釣り餌にしてみた」のような動画も再生数が伸びています。

こういった動画が再生されればされるほど、マーケティング効果を生み、宣伝広告費をかけなくても集客につながっているのではないか、と仮説を立てました。

この仮説を検証するためさらに決算資料を読み込むと、やはり**宣伝広告費が他社と比べて極端に少ない**ことがわかりました。

宣伝広告費の少なさ以外にも、**たくさんの企業努力によってコストを削減していたり、店舗展開のためのフランチャイズに強みがある**ことも見えてきました。

継続的な成長の可能性を感じ、２０１９年から２０２０年にかけてまとまった金額を投資しました。その後、**3倍ほどに成長したため一部を売却**しています。

このように私たちの身近にはたくさんのヒントが隠れています。でもそのヒントだけではお金を増やすことはできません。

身近な投資のヒントを活かすためには、投資のアンテナを張って生活をすること、ちょっとした会計の知識やビジネスの知識を持つことが必要です。

あとは本書のやり方に基づいて、合理的な投資機会をじっくりと待って投資をすることができればいいと思います。日々生活に密着している企業であれば、定期的な定性分析も可能ですし、安心して保有することも可能です。

また、そうした企業は株主優待（現物支給による株主還元）を行っている企業も多く、商品や優待券、割引券をもらえるのであれば、投資による損益以外でもお得に活かすことができるでしょう。

ぜひ身の回りの身近な会社の中で投資ができる上場企業がないか探してみましょう！

あなたがいいと思っているということは、なにかしらの強みを有している証拠です。

ガチ速FIREのポイント

まずは日常生活の中でアンテナを張ることから始めてみよう

24

スノーピーク（７８１６）

FIREに一歩近づくお宝銘柄⑥

新型コロナウイルスが流行し、緊急事態宣言が発令された２０２０年3月。株式市場も大荒れとなり、株価が暴落した銘柄も多々ありました。ですが、その中でチャンスも数多くあったのです。その事例の1つとして、**スノーピーク（７８１６）**を紹介します。

スノーピークは、高価格帯のアウトドア用品を扱う会社で、コロナ禍以前より業績の成長性から何度も注目をしていました。ただ、なかなか投資に踏み切ることができませんでした。それはなぜかというと、つねにPERが30～50倍の水準で、割高感が拭いきれなかったためです。

図2-26 スノーピーク（7816）2020年2集

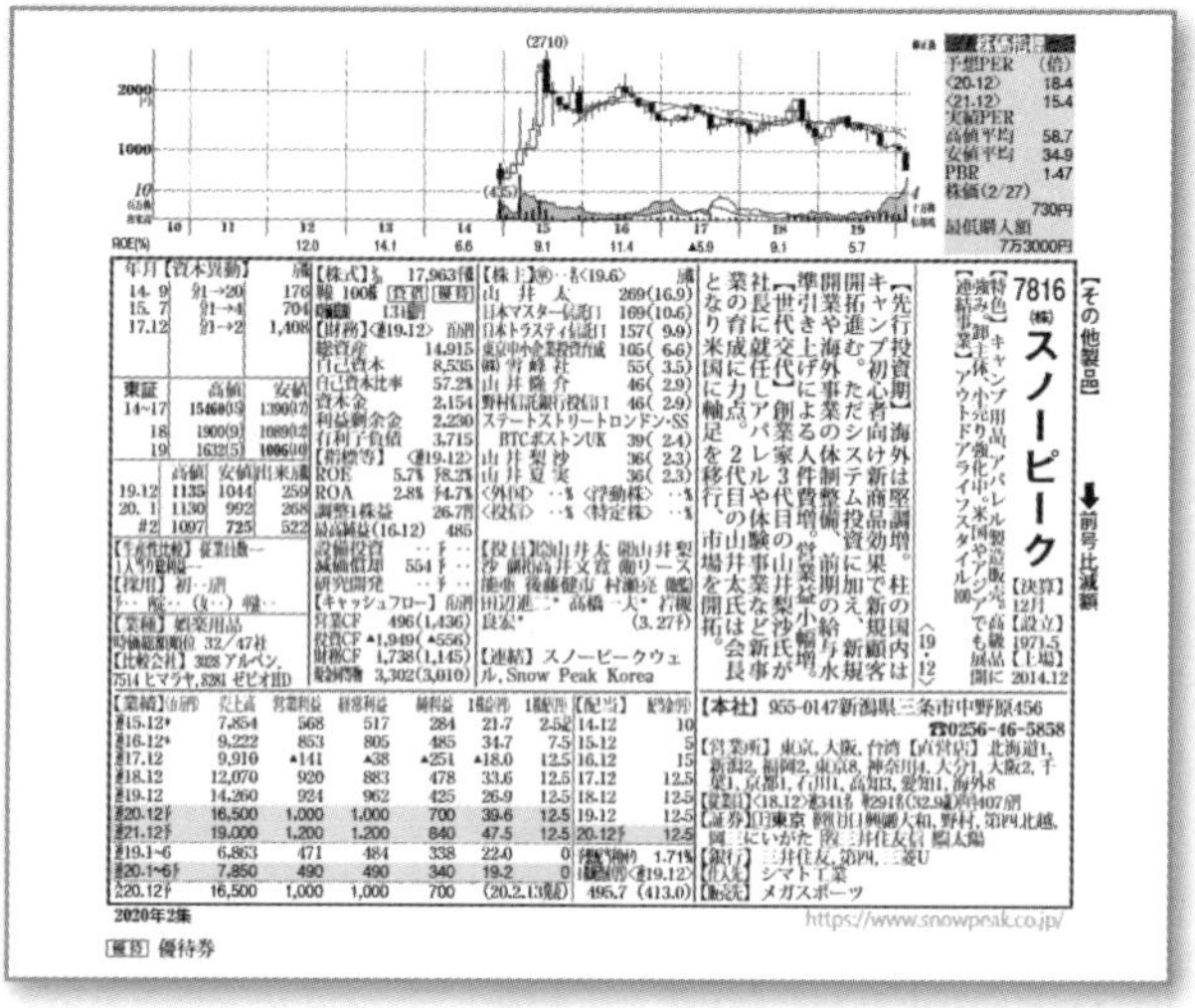

しかし、コロナショックでスノーピークの株価を見たときに、これはチャンスだと思いました。**つねにＰＥＲ30倍超えで手の届かなかったあのスノーピークが、ＰＥＲ15倍台になっていた**のです（図2-26）。

加えて、全体相場の視点からも、さすがに下がりすぎではないかと思える指標がいくつも出ていました。

私を投資に踏み切らせたのは、年初来高値の更新銘柄数です。大体どんなに相場が崩れても、高値を更新する銘柄は少なからず存在するものですが、**コロナショックで最安値をつけた3月中旬ごろにはなんと、年初来高値の更新銘柄数が**

図2-27 スノーピークの株価はすぐに買値の2倍になった

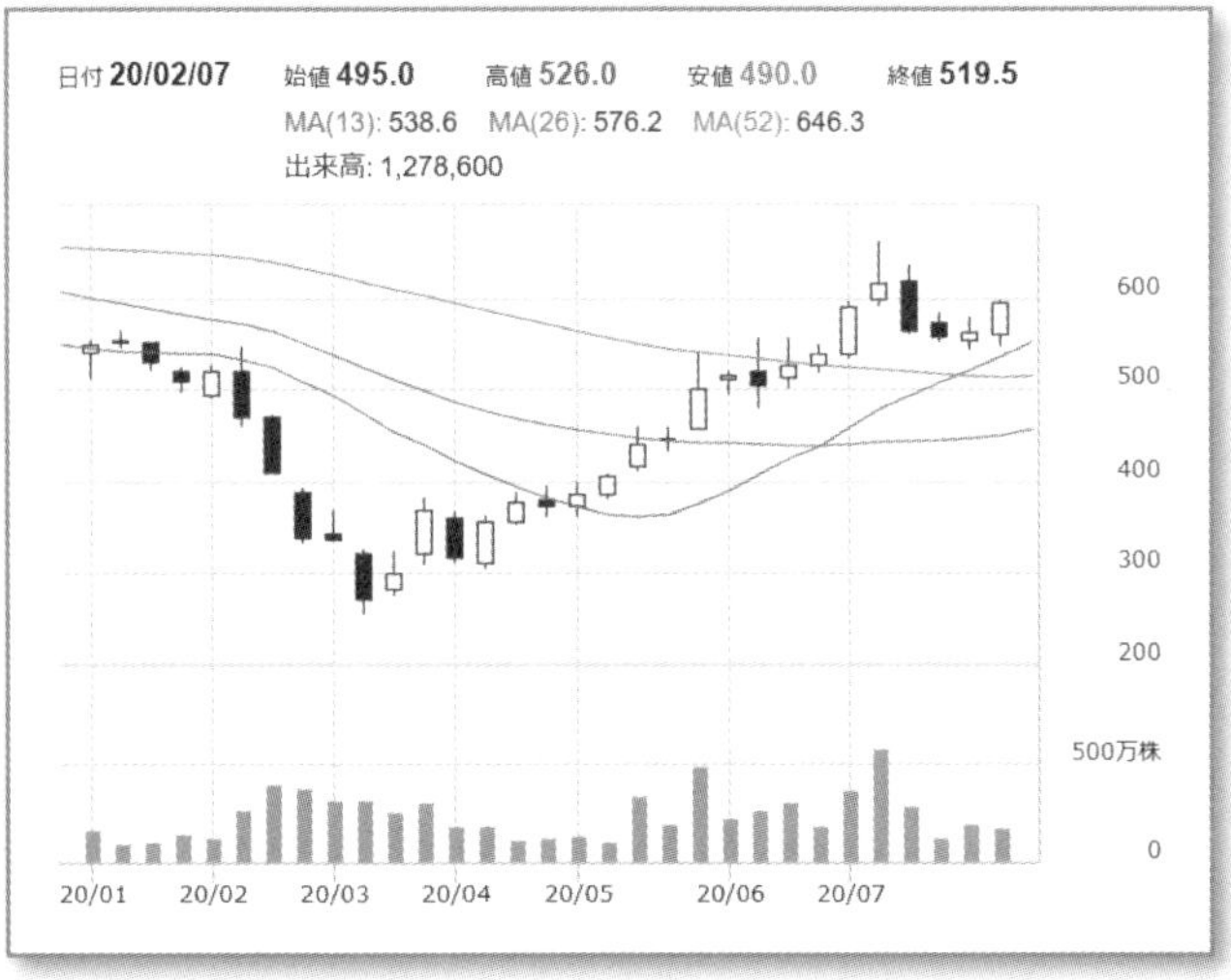

1銘柄も存在していなかったのです。

業績に関係なく、すべての銘柄に売りが出ている状態だったため、少しずつスノーピークを含む、分析したことがある銘柄を再度分析して、勇気を持って購入していきました。

当時のスノーピークの株価は、最安値が256円。私は平均単価300円ほどで約3000株購入しました。

その後なんと、**コロナ禍において感染リスクが低い屋外のキャンプブームに火がつき、7月には早々に株価が2倍を超えていきました**（図2-27）。

コロナショックで損切りした銘柄も

図2-28 スノーピークの株価は買値の10倍に到達

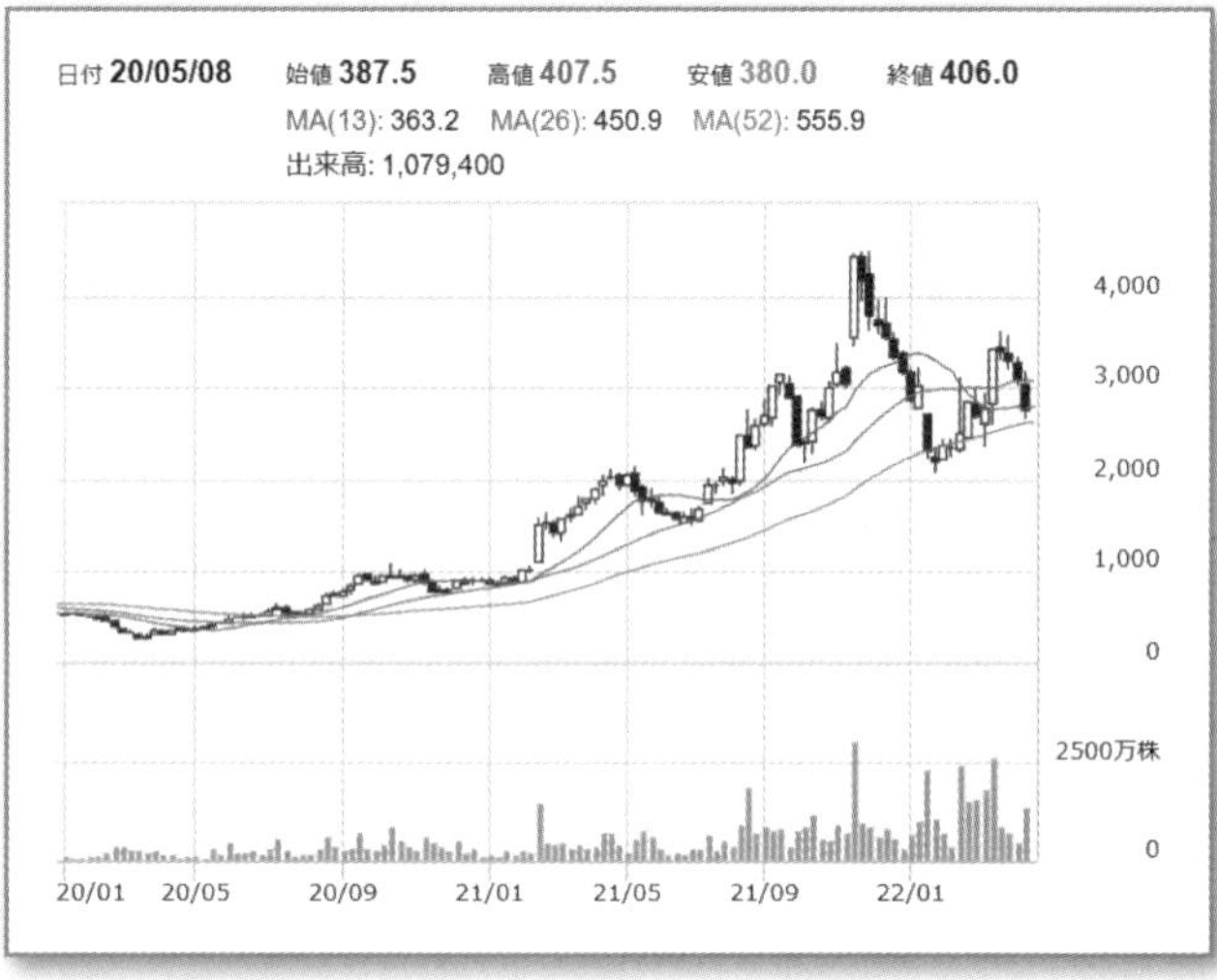

あったため、この2倍の利益は大きく、またコロナの影響の不透明感を感じていました。加えて、このキャンプブームが長く続くはずはないと思い、**買値の約2倍の630円で売却して100万円ほどの利益を確定**して喜んでいました。

ところがその後、**スノーピークの株価は、買値の10倍を超える4490円をつけにいきました**（図2-28）。

もちろんたった4か月で100万円以上の利益を出せたことは嬉しかったのですが、もし株式を持ち続けていたら、1000万円以上の利益になっていたことになります。そう考えると、惜しいことをしたなと悔しい気持ちになるものです。

ではなぜ私は、スノーピークの株式を持ち続けることができなかったのでしょうか？

先ほどの神戸物産の例では、実際に店舗を訪れその魅力を理解していたため、3倍以上の利益になるまで持ち続けることができました。

一方スノーピークは、銘柄としての知識はありましたが、**ユーザーとしての体験がなかったので、自信を持って持ち続けることができなかった**のです。私は本格的なアウトドアの経験はほとんどありません。しかもスノーピークの商品は高価格帯ですので、購入の機会がありませんでした。

それが理由で900万円以上の機会損失を産んでしまったのかもしれません。

もちろんそれは持ち続けて高値で売り切れていた場合の話なので、理想論ではあります。ただ、ユーザー体験も侮れないなと思いました。

このパートで伝えたかったことは2つあります。

まず、**何度も分析を重ねることの大切さ**です。

本当に良い会社というのは、四季報での銘柄発掘の際に、何度も目に留まります。

そのたびにきちんと分析をしておくことで、コロナショックのような暴落時に、「この銘柄がこのPERで買えるのか！」と気がつくことができました。

そしてもう1つは、**できる限りユーザーとして体験してみる**ことです。

会社によっては、個人向けサービスではないためユーザーとしての体験が難しい会社もありますが、その会社の商品力やサービスの魅力などを体験していれば、より自信を持って売買をすることができます。

ガチ速FIREのポイント

「いいな」と感じた銘柄は、何度も分析して、ユーザー体験をするべし！

第3章

資産収入アップ②守りのつみたて投資で地盤固め

25
ガチ速FIREにつみたて投資は絶対必須！

第3章では、ガチ速FIREにおける地盤固めとして、つみたて投資について見ていきます。

みなさんはインデックスのつみたて投資を行っていますか？

ガチ速FIRE戦略においてつみたて投資は必須です。必ず行うようにしていきましょう！

つみたて投資とは、一度にまとまったお金を投資するのではなく、一定の金額を定期的にコツコツと積み立てる投資手法のことです。その中でもインデックス投資とは、日経平均株価や米国のS&P500といった、主要な指数（インデックス）に連動する商品（インデックスファンド）に投資をする手法を指しています。

インデックス投資を行う場合、つみたて投資で行うことが一般的なので、両者をあまり区別しないことが多いです。本書でも、「つみたて投資」と「インデックス投資」のどちらも「インデックスのつみたて投資」を指しています。

つみたて投資が必要な理由は、次の5点です。

ガチ速ＦＩＲＥにつみたて投資が絶対必要な理由

①個別株だけでは不安定でＦＩＲＥしづらい
②長期的に見れば株式市場は右肩上がり
③超低コストで運用可能
④優遇制度が進化している
⑤一度設定してしまえば気にする必要はない

1点ずつ見ていきます。

1 個別株だけでは不安定でＦＩＲＥしづらい

第2章では「個別株」について見ていきました。

「個別株投資」はリスクとリターンが非対称的であり、合理的な方法であることを述べました。その一方で個別による「不安定さ」はどうしても拭えません。大きく上昇する銘柄が存在する一方で、買うタイミング次第で株価が大きく下落してしまうリスクも含みます。その点を考えれば、不安定な方法ともいえます。

この不安定さを補うのが「インデックス投資」です。不安定であるというのは「ボラティリティ（変動幅）が高い」といえますが、その点は指数に連動するインデックス投資であれば、一定水準まで抑えることができます。つまり**安定性を担保できる**わけです。

2 長期的に見れば株式市場は右肩上がり

インデックスファンド（全世界株式ファンド）に投資をすれば、確実に利益を得られるか、というと、絶対とは言い切れません。ただし、**かなり高い確率で上がる**と思われます。その根拠は大きく分けて2点あります。実績（過去）と予想（未来）です。

まず実績については、過去100年の株式市場の動きを見れば明らかです。

図3-1は、米国の主要株価指数S&P500の月足チャート100年間の推移です。ある一定期間で株価は上下するものの、**基本的には右肩上がりで上昇が継続しているこ**とがわかります。ここから実績は十分であるといえるでしょう。

なぜこのように右肩上がりの結果となったのかを考えると、もう1つの根拠である、これから先の予想が見えてきます。過去100年で株価指数と同じく右肩上がりで増え続けていたものがあります。それは**人口**です。日本だけを見ると、2023年現在、少子高齢化と人口減少が続いていますが、視点を世界に広げると、ものすごい勢いでの人口の増加が続いています。

人口が増えると、付加価値の合計であるGDP（国内総生産）が増えます。GDP

図3-1　過去100年のS&P500の推移

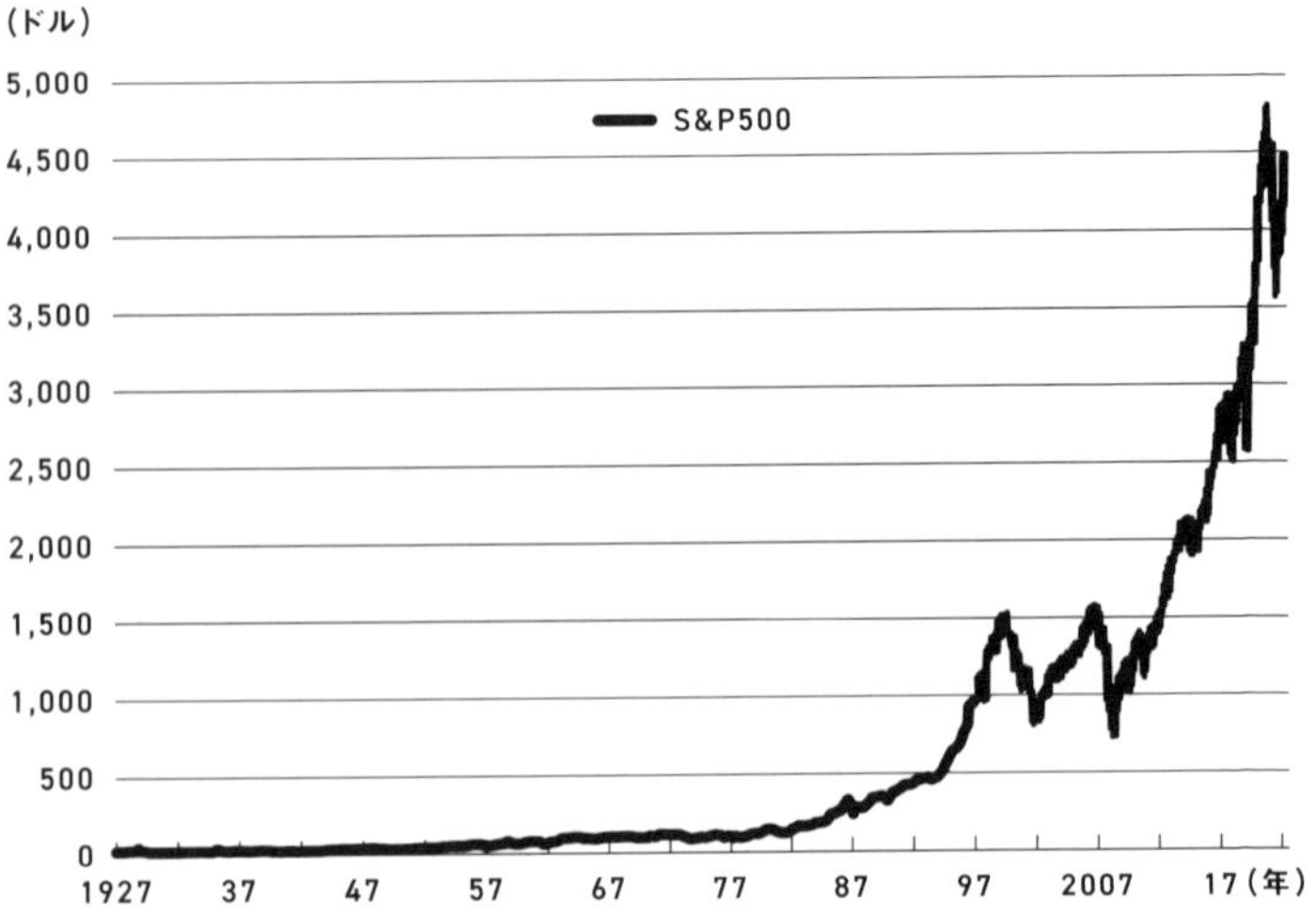

が増えれば企業業績が増大し、業績の増大が株価に反映され、**長期視点で見ると右肩上がりで株価指数は上がってきたの**です。

そしてこの流れはどうなるでしょうか？

２０２２年7月に国連が発表した世界人口の予測によれば、２０２２年11月15日に世界人口は80億人を超え、２０３０年には85億人に、２０５０年には97億人に達する見通しになっています。人口の増加率は徐々に鈍化していますが、**人口そのものは今後も増加が続くことはほぼ間違いない**といえるでしょう。

この増加幅を考えれば、**全世界の株や**

S&P500のような主要指数が、数十年後により高い価格帯にいる確率が高いといえるのです。

3 超低コストで運用可能

投資信託は、購入から売却までいくつかの手数料がかかります。中でも、保有中にかかる信託報酬はファンドによって異なり、年率0・1〜2・6%までバラつきがあります。インデックス投資では、手数料の年率が0・1%以下といった超低コストで運用可能なファンドがいくつか存在します。

投資家としてはコストの差のみで判断せずパフォーマンスにこだわるべきではありますが、限られた時間の中で利益を上げるためには重要な視点です。

4 優遇制度が進化している

2024年から、**NISA（少額投資非課税制度）**が拡充されます。

この制度を活用すれば、ただでさえ確実性の高いインデックスつみたて投資の運用益をすべて非課税で運用することができます。

ガチ速FIRE戦略を考えるうえでは、この拡充されたNISAを最大限に活用することもまた大切なステップになります。詳しくはNISAのパートで後述します。

また、**iDeCo（個人型確定拠出年金）**も個人投資家にとってのメリットが多く、NISAとiDeCoをフル活用することはとても重要です。

5 一度設定してしまえば気にする必要はない

つみたて投資は非常に簡単で、手間がかかりません。なぜなら、NISA（つみたて投資枠）にしてもiDeCoにしても、一度つみたての設定をしたら自動的につみたて投資が行われるため、買いのタイミングに悩む必要もありません。

制度を理解するのに時間がかかったり、実際に運用がスタートすると思うように資産が増えないこともあるかもしれませんが、**積み立ての良い点は、仕事が忙しい方で**

も、**無理なく継続可能な点**です。

また、何よりも、資産形成の王道である「先取り」で資産を形成することができます。

ひとまずは、積み立ての設定をするところから始めてみてください。無理に金額を増やす必要はありません。まず始めることが大切です。

そして、家計管理と収入アップに取り組んで結果が出たら、積み立ての金額も増やしてみてください。お金の不安が格段に少なくなっていることを実感できると思います！

つみたて投資は時間がかかる その割には儲からない

トレーダー界隈ではよく聞く話です。私ももとはバリバリトレードをしていた人間なので、同じ意見を持っていました。しかし、いまは違います。

私が投資を始めた２０１１年は、世界的に見るとリーマンショックや欧州債務危機の影響、日本においては2009年の民主党による政権交代や2011年の東日本大震災などの影響から、経済の低迷が続いていました。しかしその翌年に再び自民党が政権を奪還し、アベノミクスがスタートして、底値圏から株価は上昇を始めました。

その環境下で株式投資をスタートした私は、うまく上昇をつかむことができ、短期間で資産が3倍になることを体験しました。

「株式投資ってすごい！」「個別株投資は儲かる！」完全にそう思い込み、つみたて投資の存在は知ってはいたものの、「時間がかかる」「個別株のほうが早い」そう思って手をつけることはありませんでした。

しかし、転機となったのは2015年の8月。アベノミクス時の成功によって、完全にリスクをとりすぎてしまいました。好調な株価の上昇に賭けて、日経平均の2倍の幅で連動するレバレッジETF（1570）に対して、3倍近いレバレッジをかけて購入して上昇を待っていました。

しかし、その翌週にチャイナショックが到来。一夜にして数百万という損失を出し、完全に混乱に陥った私は「すぐに戻るだろう」などと楽観視をしている間に、**追証（追加保証金の略）がかかるまで損失が膨らみ、それまで積み上げてきた資産をわず**

か1週間でほぼ失ってしまったのです。

この出来事は私にとってとても大きな出来事になりました。**お金だけではなく、人間関係も崩れかけ、何もない状態からのゼロからのスタートとなった**のです。

ありがたいことに会社をクビになるようなことはなく、収入がゼロにはならなかったことから、なんとか再起をすることができました。

再起の足掛かりとなったのは、当時の収入の中からでも設定することのできたつみたて投資でした。

失敗当初から継続してきたつみたて投資が現在の資産の柱となっており、いまも毎月積み立てを続けています。この資産の柱が幹となっているからこそ、個別株でリスクがとれると思っています。

インデックス投資で将来の安全を買い、個別株投資では未来の希望を買うものだと私は考えています。

いち早くインデックス投資で軸を太くして、将来の安全を買い、個別株や副業でリスクをとれる状態を目指していきましょう！

ガチ速
FIREの
ポイント

つみたて投資で将来の安全を買い、個別株投資で未来の希望を買う

26

迷ったら買うべきつみたて投資のおすすめファンド5選

つみたて投資を始めようと思ったときに、どうすればいいか迷うポイントがあります。それは**投資する投資信託（ETF）の選択**です。

じつは、日本にある投資信託（ETF含む）の数は、約6000本あります（2022年12月時点）。日本の上場会社ですら3900社程度なのに対して、投資候補が圧倒的に多いです。その中から優良なファンドを選ぶとなると、比較するだけで夜が明けてしまいそうです。

そこで本書では、**これさえ選んでおけばほぼ確実という投資信託**を5本ご紹介します（投資に絶対はないため「ほぼ確実」という表現にしています）。

合わせて投資する理由を３つ挙げますので、個別株同様に合理性を感じた方は、すぐにでも設定することをおすすめします。

おすすめのインデックスファンド５選

・全世界株式連動型

ｅＭＡＸＩＳ Ｓｌｉｍ 全世界株式（オール・カントリー）

ＳＢＩ・Ｖ・全世界株式インデックス・ファンド

楽天・全世界株式インデックス・ファンド（楽天・ＶＴ）

・Ｓ＆Ｐ５００連動型

ｅＭＡＸＩＳ Ｓｌｉｍ 米国株式（Ｓ＆Ｐ５００）

ＳＢＩ・Ｖ・Ｓ＆Ｐ５００インデックス・ファンド

この5本への投資をおすすめする理由

①全世界株式指数かS&P500に連動しているインデックスファンド
②手数料が超低コスト
③つみたてNISAに対応している

1 全世界株式指数かS&P500に連動しているインデックスファンド

全世界株式というのは、主にMSCI オール・カントリー・ワールド・インデックス指数やFTSEグローバル・オールキャップ・インデックス指数を指しています。S&P500というのは、米国の主要企業500社で構成される株価指数です。

全世界株式インデックス・ファンドかS&P500を買えば、1本の投資信託で世界中の株式に分散投資できます。

全世界株式とS&P500、どちらを選べば良いかというと、正直どちらでもいいと思います。先に見たように、S&P500は上昇し続けていますし、全世界株式の組入比率を見ると、米国の主要IT企業が上位を占めていることから、長い目で見ればともに上昇することが期待できます。

2 手数料が超低コスト

投資信託の種類が多いことを述べましたが、ファンドを選ぶときに気をつけていただきたいのはコスト面です。

投資信託（ETF含む）には主に、購入時手数料、信託報酬、売買委託手数料の3つのコストが発生します。

このコストの割合が利回りを超えてくるファンドは長期投資に向きません。

先ほど挙げた5つのファンドについては、**手数料年率0・096～0・195%と、超低コストのもの**を中心に取り上げました。

3 つみたてNISAに対応している

つみたてNISAとは、とくに少額からの長期・つみたて・分散投資を支援するための非課税制度であり、つみたてNISAで投資ができる金融商品は200銘柄ほどまで絞られています。日本のファンドが約6000あるうちの200銘柄ですので、どれだけ厳選されているかがわかるでしょう。

国がある程度安全と認めたファンドであれば、手数料が高い、ぼったくりファンドである可能性は限りなく少ないでしょう。

もちろんここに挙げた5つのファンドについては、つみたてNISAの対象となっています。つみたてNISA内で運用するかしないかは、各々の運用状況により異なりますが、**つみたてNISAに対応しているかどうかは、ファンドを選ぶ際の手っ取り早い物差し**になります。

以上3つの理由から、この5本であればほぼ間違いないであろうと私が思うファンドを挙げました。

もしも、ファンド選びに迷っている方がいれば、この中から選択してみてください
ね！

ガチ速
FIREの
ポイント

おすすめ5本の中から選べば、つみたて投資はＯＫ！

27 毎月いくら積み立てればいい？

つみたて投資の合理性や重要性については理解できてきたと思いますが、実際にいくら積み立てればいいのでしょうか？

ただでさえ貯金がゼロ、家計管理もできていないのに、先取りでつみたてにも個別株投資にも資金を回そうというのですから、どうしても積み立てできる金額は小さくなります。「少額でも本当に意味あるのかな？」と思うことがあるかもしれません。

でもそこは「複利」のパワーを感じていただきたく、このパートを用意しました。

結論として、**少額でもいいのでいますぐつみたて投資を始めてみましょう。**

ここでは、金融庁が運営している資産運用シミュレーションを使って、つみたて時

図3-2 積立金額と運用成果の推移
（毎月1万円積立、年利3%）

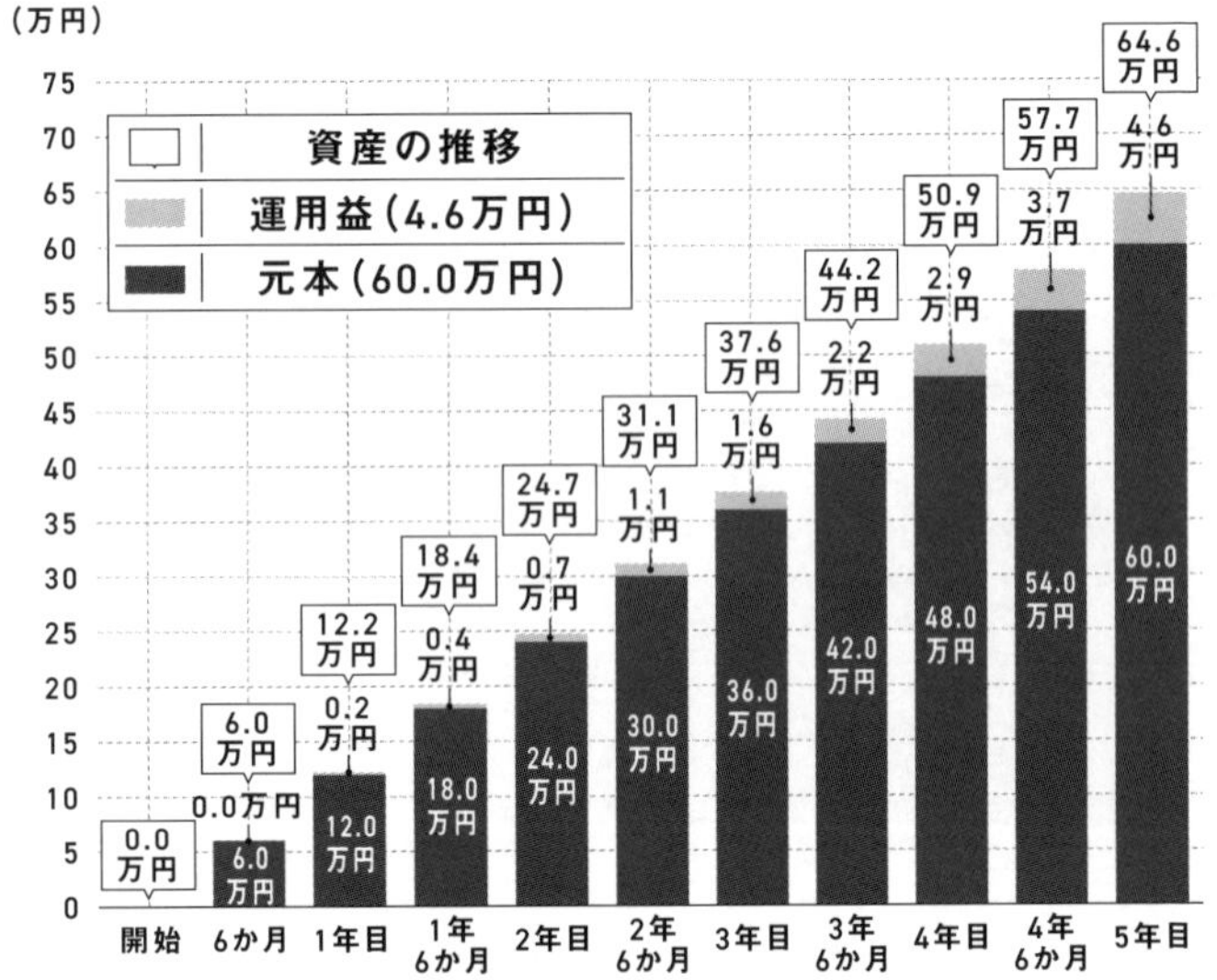

のシミュレーション結果を見ていきます。

まず、仮に月1万円をつみたて投資に回し、5年間年利3%で運用した場合です（図3-2）。

これをベースに、金額を調整してみると、自分にあった積立金額が見えてくると思います。

利回り3%で5年間運用した場合、5年後の運用成果は次のようになります。

利回り3％で5年間運用した成果

月1万円つみたて……64・6万円（元本60万円＋運用益4・6万円）
月2万円つみたて……129・3万円（元本120万円＋運用益9・3万円）
月3万円つみたて……193・9万円（元本180万円＋運用益13・9万円）
月4万円つみたて……258・6万円（元本240万円＋運用益18・6万円）
月5万円つみたて……323・2万円（元本300万円＋運用益23・2万円）
月10万円つみたて……646・5万円（元本600万円＋運用益46・5万円）

このリストを見て、サイドＦＩＲＥには到底足りないと思った方は多いのではないでしょうか。金額だけを見るならば、そう思ってもおかしくはありません。

しかし、**ガチ速ＦＩＲＥ戦略では、つみたて投資に加え、個別株投資と家計管理と副業を組み合わせてＦＩＲＥを目指します。**

また運用期間も5年で終える必要はありません。仮にあなたがいま40歳だとして、

60歳までの20年間に運用期間を設定し直して試算してみます。

利回り3％で20年間運用した成果

月1万円つみたて……328・3万円（元本240万円＋運用益88・3万円）
月2万円つみたて……656・6万円（元本480万円＋運用益176・6万円）
月3万円つみたて……984・9万円（元本720万円＋運用益264・9万円）
月4万円つみたて……1313・2万円（元本960万円＋運用益353・2万円）
月5万円つみたて……1641・5万円（元本1200万円＋運用益441・5万円）
月10万円つみたて……3283万円（元本2400万円＋運用益883万円）

こうやってみるといかがでしょうか？
かなりの額の資産を形成できているように感じられるのではないでしょうか。

1つの目安として、老後資金について考えてみましょう。**「老後2000万円問題」**が話題になったことがありました。「老後2000万円問題」とは、金融庁の金融審議会「市場ワーキング・グループ」による「老後20〜30年間で約1300万〜2000万円が不足する」という試算のことを指しています。

先の試算によると、**月10万円をつみたて投資に回し、20年間運用を継続できればつみたて投資だけで老後資金2000万円を超えてくる可能性が高い**ことになります。

月10万円という基準は、老後資産形成という観点からは十分であるとわかります。そのため、**つみたて投資は、月10万円を1つの目標**にしてみましょう。

現時点で月10万円も投資に回すことが難しいという方も多いかもしれませんが、だからこそ家計管理で支出を見直し、副業で収入を上げる必要が出てきます。

1つひとつの金額のインパクトは小さくても、投資、家計管理、副業のメリットを組み合わせ、月10万円の資金をつみたて投資に回し、複利で運用できれば、**十分に将来不安への対策が可能**なのです。

またこの月10万円の運用資金を捻出するために、家計支出を減らし、副業で収入を増やすことができれば、その支出減、収入増の効果は継続的なものになります。

副業で安定的な収入が得られるならば、定年を迎える65歳以降も年金以外の収入を得られることになり、必ずしも老後に2000万円を残しておく必要はなくなります。

もちろん、世の中なにがあるかわからないからこそ、運用による資産を増やす流れを利用しない手はありませんので、老後資金を蓄積することはおすすめしています。

なので、当面は月10万円を投資に回すことを目標にしてみるとよいと思います。

月10万円をつみたて投資に回せるようになったころには、ある程度の資産もあり、節約も収入もできているはず。十分にサイドFIREが近づいてきていますよ!

ガチ速FIREのポイント

月10万円を20年運用すれば将来資産は十分!

28

新NISAのつみたて投資戦略

2024年1月からNISA制度がバージョンアップされて、新NISAとして生まれ変わります。ここでは変更点の確認とともに、新NISAにおける投資の戦略について確認していきます。

通常、株式や投資信託などの金融商品に投資すると、売却して得た利益や受け取った配当に対して約20%の税金がかかりますが、NISAを利用した投資は非課税となります。2014年にスタートしたNISAは、当時「貯蓄から投資へ」を掲げていた安倍政権の施策の1つであり、正式名称は少額投資非課税制度といいます。

これらの制度が2024年から大幅に拡充されます。新NISAの制度概要は図3−3のとおりです。

図3-3 新NISAの制度概要

	つみたて投資枠（併用可）	成長投資枠
年間投資枠	120万円	240万円
非課税保有期間	無期限化	無期限化
非課税保有限度額（総枠）	1,800万円 ※簿価残高方式で管理（枠の再利用が可能）	
		1,200万円（内数）
口座開設期間	恒久化	恒久化
投資対象商品	長期の積立・分散投資に適した一定の投資信託（現行のつみたてNISA対象商品と同様）	上場株式・投資信託等（①整理・監理銘柄②信託期間20年未満、毎月分配型の投資信託及びデリバティブ取引を用いた一定の投資信託等を除外）
対象年齢	18歳以上	18歳以上
現行制度との関係	2023年末までに現行の一般NISA及びつみたてNISA制度において投資した商品は、新しい制度の外枠で、現行制度における非課税措置を適用 ※現行制度から新しい制度へのロールオーバーは不可	

（出所）金融庁

このバージョンアップによって、より長期的で戦略的な資産形成が可能になります。

主な変更点は、「つみたてNISA」と「一般NISA」が一本化した（併用可能になった）こと、年間の投資枠が拡充されたこと、非課税保有期間が無期限となったことです。

これまで「つみたてNISA」か「一般NISA」のどちらかを選ぶ必要がありましたが、新NISAでは「つみたて投資枠」と「成長投資枠」を同時に利用できます。

投資金額が大きく拡充され、**つみたて投資枠における年間投資枠は40万円**

から120万円に拡充されました。月額で見ると、**月3万3333円から月10万円まで非課税枠でつみたて投資できる**ようになりました。

前パートで、月10万円の積み立てができることを目標にしようとお伝えしました。

なんと、**新NISAでは、ちょうど10万円、「つみたて投資枠」で投資することができる**のです。

全世界株式やS&P500に連動した、**かなり確実性の高い運用先を、超低コストで運用できることに加えて、そのすべての運用益が非課税になるメリットが享受できるので、新NISAを使わない手はない**といえるでしょう。

また、**非課税保有期間も無期限化されるために、20年間保有を継続した場合でも運用益全額を非課税にすることが可能**です。

これにはどれだけのメリットがあるのでしょうか？

先ほどのシミュレーションによれば、月10万円の積み立てをすると20年後には3283万円（元本2400万円＋運用益883万円）になっている計算でした。

この場合、運用益である883万円には、約20％（約176・6万円）の税金がかかります。決して見逃せない大金です。**この金額が全額非課税、つまりまるまる手元に残る**のです。長期複利運用後の非課税の恩恵は大きいといえるでしょう。

それでは、新ＮＩＳＡにおける投資戦略について解説していきます。新ＮＩＳＡのメリットを最大限活用するためには、**「併用」**と**「枠の復活」**を心がけるといいです。

まず「併用」についてですが、これは**つみたて投資枠と成長投資枠の併用**です。つみたて投資枠は年間１２０万円（月10万円）ですが、ここに成長投資枠の年間２４０万円（月にすると20万円）も併用が可能になります。

つまり、**やろうと思えば月30万円のつみたて投資が非課税で可能になります。**もし月30万円も積み立てすることができれば、**5年で資産は1939・4万円**（元本１８００万円＋運用益１３９・４万円）となります。

そうすると、新ＮＩＳＡのすべての投資枠を使い切ることになりますが、保有期限は無期限ですので、**保有を継続すれば年利3%前後が期待できます。**

これはあくまでも月30万円積み立てできたらの場合ですが、**「稼ぐ力」を上げれば上げるほど、NISAのメリットをより大きく受けられるので、「副業」で稼ぐモチベーションともなる**でしょう。併用のメリットを活かすためにも、月10万円をさらに超える「併用」のメリットを活かせるようにしてみましょう。

続いて「枠の復活」についてです。

新NISAでは、売却後の翌年以降に投資枠が復活することになっています。**以前のNISAの場合は、売却後は枠の復活がありませんでした。**そのため、非課税メリットの恩恵はかなり限定的であり、より慎重に投資判断をしなくてはなりませんでした。

その点から考えると、枠の復活というのはとても大きな変更です。

とはいえ、**あまり頻繁に売買を繰り返すことはおすすめできません。**結局、長く複利運用したほうが、パフォーマンスは高くなることが多いためです。

それでも相場は上下するもの。時に大きな暴落相場に見舞われ、運用益が一時的に含み損になってしまうこともあるかもしれません。逆にバブル的な相場が続き、想定利回り以上に含み益が多くなることもあるでしょう。

その場合に高いところで売却できれば、暴落時の含み損に惑わされることなく、非課税で利益確定ができます。そうすると枠が復活するので、つみたて投資を再開することができます。

つまり、**途中で利益を確定し、枠の復活を活用して最終的に非課税枠で残せるお金を増やす戦略**をとることができるのです。

NISAを利用したつみたて投資における私の売却の基準をご紹介します。

NISAを利用したつみたて投資の売却基準

①資産運用シミュレーション結果を大きく上回る

②含み益の利益率が20%を超えている

1 資産運用シミュレーション結果を大きく上回る

毎月決まった日（月末など）に運用状況を確認してみましょう。その際には運用シミュレーションを使って、想定利回りと現在までの運用期間を入れて計算してみてください。この**シミュレーション結果を大きく上回るようなら、一旦の売却を検討しても良い**時期だと思います。

2 含み益の利益率が20％を超えている

次に、証券口座のサイトや株の管理ソフトＫａＶｉｅｗ（カビュウ）などを通じて、**現在の含み益の利益率を確認**してみましょう。私は**利益率が20％を超えていた場合には、一度持っているファンドを売却して、再び積み立てをやり直す**ことにしています。

新ＮＩＳＡは、途中で売却しても投資枠は復活します。投資期限は無期限ですので、**非課税の恩恵を受けたうえで、またゼロからつみたて投資を再開することが可能**です。もちろん**今後確定した利益もすべて非課税**になります。

先ほどお伝えしたように、つみたて投資枠と成長投資枠を併用すると最大月30万円の投資が可能です。**利益確定をした分は、10年分に割って、つみたて投資の1回あたりの金額に増額すると、さらに複利効果が出てきます。**

このように**「併用」「枠の復活」を意識すると、さらなる資産増や運用効率アップの可能性が出てきます。**

頻繁に売買するような取引手法でもないですし、月1回の判断で基準が明確化されていればミスも起こりません。ここで挙げた基準はあくまでも私の基準ではありますが、ぜひ参考にしてみてください。

また、この基準（利益率20％超え）を満たすほど指数が上がっているということは、相場が過熱している可能性も高く、**NISA枠以外の個別銘柄についても、売却を検討する1つのきっかけ**になります。

新NISAを使ったつみたて投資戦略は、積み立てだけでなく、運用全体にも良いヒントを与えてくれます。ぜひ積極的に活用していきましょう！

ガチ速FIREのポイント

新NISAは「併用」と「枠の復活」をフル活用しよう！

29

iDeCoを使わないなんてもったいなさすぎる

ＮＩＳＡに続いて、ｉＤｅＣｏについてもおすすめしたいと思います。

iDeCoは老後の公的年金に上乗せする私的年金制度です。つまり、簡単に言うと、国や会社の年金だけでは心配な人が、自分で自分のためだけに用意する自分年金のような制度です。

加入者は毎月自分で決めた掛金を積み立て（拠出）、自分で選んだ金融商品（定期預金、保険、投資信託）を運用し資産を形成できます。そして、60歳になった時点で、形成した資産を一時金や年金として受け取ります。ただし、原則として60歳になるまで引き出すことはできません。

少しわかりにくい制度が故に、見て見ぬふりをしている人も多いのではないでしょうか。だとしたらちょっともったいないですよ！

まずはｉＤｅＣｏのメリットを確認してみます。ｉＤｅＣｏには次の３つのメリットがあります。

ｉＤｅＣｏを利用するメリット

①掛金が全額所得控除
②運用益も非課税
③受け取るときも大きな控除

②の非課税については、ＮＩＳＡ同様に運用益に対する税率の話なので飛ばします。③の受け取り時の控除については、60歳以降の給付時の話になります。ここは受け取り方によっては税金が発生しますが、多くの方にとってかなり先の話だと思いま

すので、本書では割愛します。

本パートでは、①のiDeCoの掛金が全額所得控除として認められており、住民税や所得税が安くなる節税メリットについてシミュレーションします。**iDeCoの公式サイトには、「かんたん税制優遇シミュレーション」というページもあります**ので、ぜひご自身でどの程度の節税メリットがあるのかも確認してみてください。

まず、iDeCoは加入している年金区分によって拠出できる金額に違いがあり、節税メリットには違いが出ます（図3-4）。

年収461万円の会社員（第2号被保険者）が40歳で加入し、満額（月2・3万円）運用した場合でシミュレーションしてみます（図3-5）。

この場合、1年あたりのiDeCoでの税制優遇額（所得税＋住民税）は、**4万9131円**で、仮に65歳までの25年間運用した場合の税制優遇額の合計は**122万8275円**となります。

この仕組みを知っているだけで、**年間5万円近く税制のメリットを享受でき、浮いた分をNISAや個別株の運用に回すことができます。**当然その複利効果も期待で

図3-4 iDeCoの拠出限度額の違い

加入資格		拠出限度額
（第1号被保険者・任意加入被保険者）自営業者等		月額6.8万円（年額81.6万円）（国民年金基金または国民年金付加保険料との合算）
（第2号被保険者）会社員・公務員等	会社に企業年金がない会社員	月額2.3万円（年額27.6万円）
	企業型DCのみに加入している会社員	月額2.0万円
	DBと企業型DCに加入している会社員	月額1.2万円
	DBのみに加入している会社員	月額1.2万円（年額14.4万円）
	公務員	月額1.2万円（年額14.4万円）
（第3号被保険者）専業主婦（夫）		月額2.3万円（年額27.6万円）

（出所）iDeCo公式サイト

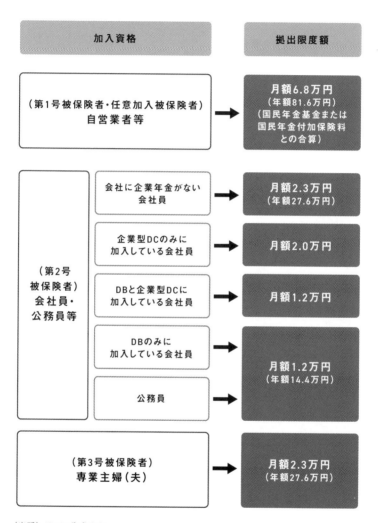

図3-5 iDeCoの税制優遇額(会社員)

1年の軽減額

iDeCoによる所得税軽減額	21,531円
iDeCoによる住民税軽減額	27,600円
iDeCoによる税制優遇額	**49,131円**

25年の軽減額

iDeCoによる所得税軽減額	538,275円
iDeCoによる住民税軽減額	690,000円
iDeCoによる税制優遇額	**1,228,275円**

図3-6 iDeCoの税制優遇額(個人事業主)

1年の軽減額

iDeCoによる所得税軽減額	81,600円
iDeCoによる住民税軽減額	81,600円
iDeCoによる税制優遇額	**163,200円**

25年の軽減額

iDeCoによる所得税軽減額	2,040,000円
iDeCoによる住民税軽減額	2,040,000円
iDeCoによる税制優遇額	**4,080,000円**

き、**iDeCoをやった場合とやらない場合の差はかなり大きくなる**ことはいうまでもないでしょう。

さらに、**サイドFIREを達成し、個人事業主として開業した場合、加入する年金区分が変わる（第1号被保険者）ため、iDeCoの上限が月額6・8万円まで引き上がります。**

年収600万円で、満額（月6・8万円）運用した場合のシミュレーションも行ってみましょう（図3-6）。

年間の税制優遇額が**16万3200円**、65歳まで運用した場合の税制優遇額の合計は**408万円**となります。ここまでくると、サラリーマンの平均年収1年分にも匹敵するほどの金額になります。

ちなみに40歳スタートでこの結果なので、**若ければ若いほどこの優遇額は上がっていきます。**

ここまでの税制優遇を受けつつ、運用先は全世界株式やS&P500の超低コストファンドを対象にでき、運用益も非課税になるのですから、もう使わない手はないでしょう。

ガチ速FIREのポイント

所得控除を考えれば、iDeCoの税制優遇を使わないなんてもったいない

30

NISAとiDeCo、どっちを優先する？

NISAとiDeCoについて説明したところで、結局どっちを優先すべきなのか、について説明します。

結論からいうと、**私はiDeCoを優先することをおすすめ**します。

前述のとおり、節税メリットは人によって異なりますが、節税で浮いた分のお金は再投資に回すことができます。そうすると、**シミュレーション以上の資産形成につながっていく**のです。

図3-7 iDeCoで節税できたお金をすべて再投資した場合の運用成果（毎月4,000円積立、年利3％）

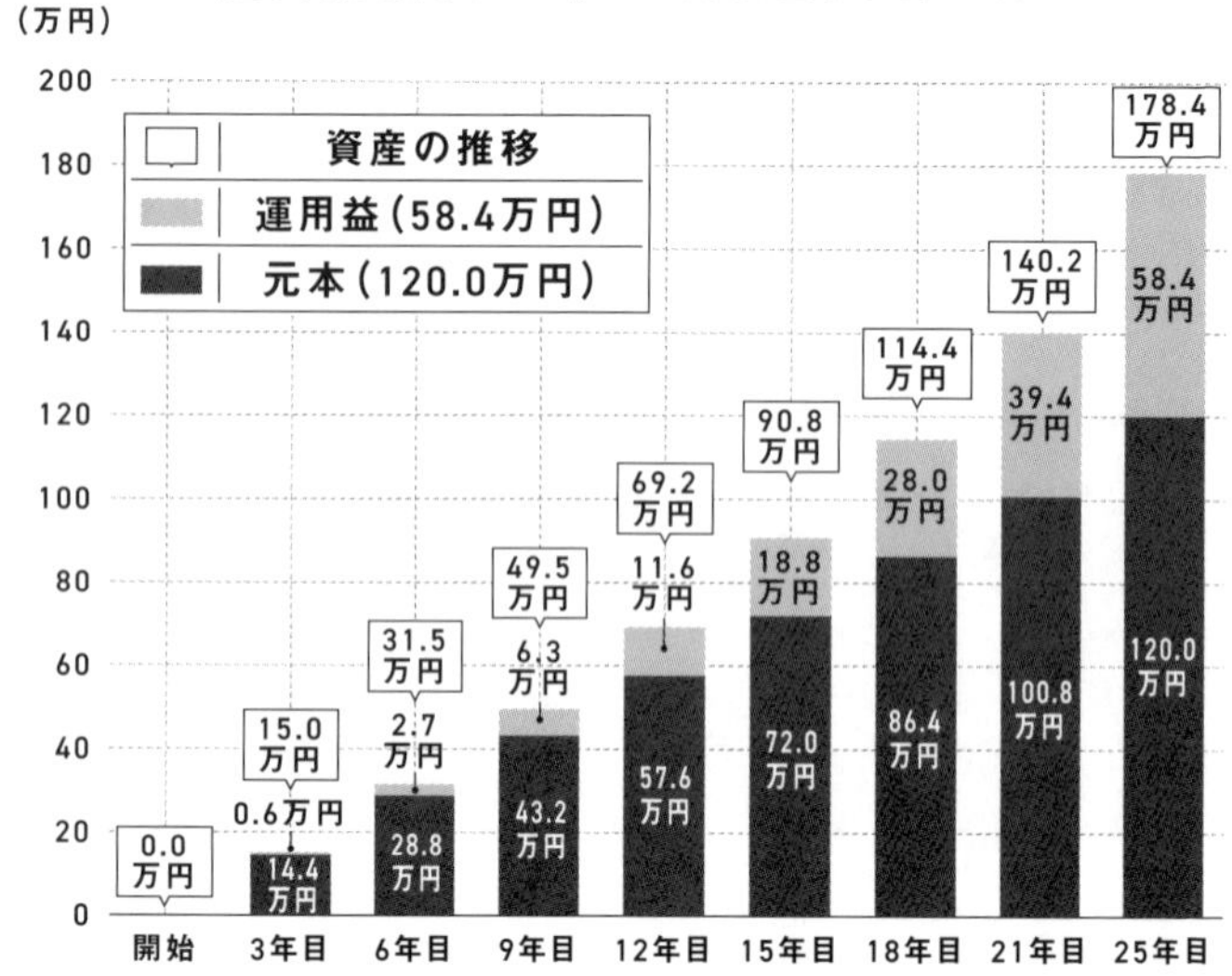

前述のとおり、年収461万円の会社員が月2・3万円で25年間運用すると、月額約4000円（年額4万9131円）をiDeCoの節税効果によって残せます。そのお金を全額年利3％で再投資した場合、資産の変化は図3-7のようになります。

ただでさえ、**iDeCoを毎月2・3万円で25年運用すれば690万円の将来資産が貯まるうえに、iDeCoで浮いた税金分を再投資に回すだけでもプラス178万円もの資産形成になる**のです。

この結果は、あくまでもシミュレーションではありますので、必ずこの結果になることを保証するものではありませんが、**かかる手間に対して、支出削減と資産増のインパクトを合計すると、決して無視できない金額**です。

また、**私のような個人事業主の掛金上限は、月額6・8万円（年額81・6万円）となり、その影響力はかなり大きなものになります。**

年収600万円、運用期間25年間で月額6・8万円運用した場合の年間の税制優遇額は16万3200円（月額1万3600円）となり、25年の税制優遇額は408万円にもなります（図3−6参照）。

このお金をすべて25年間複利運用すると、**iDeCoで積み立てた2040万円とは別に、600万円以上の資産形成が可能**になります。

しかも、この範囲であれば2024年から始まる新NISAで十分に対応できる金額の範囲内となります。

「iDeCoは難しそうだし、毎月1万〜2万円程度じゃなかなか増えないし、受け取れるのは早くても60歳になってからだからいまはいいかな?」と思いがちですが、**目先のお金にも節税という形でもメリットがあり、さらにそのお金を再投資すれば、**

小さくても複利運用で100万円以上の資産に育てることができます。

さらに、会社員の方は**年に一度送られてくる「小規模企業共済等掛金払込証明書」を会社に提出すれば、確定申告も不要**です。

iDeCoには「節税」という、今年のお金の節約効果があって手元に残るお金を増やす効果があります。

また、所得がゼロという人はほぼいないため、**節税という観点では、このメリットを享受できない人は、この本の読者にはほぼいない**はずです。一方でNISAについては利益を確定しない限り、非課税の恩恵を受けようもないのです。これはNISAにはない効果です。

超低コストのインデックス投資という確実性の高い選択肢がある以上、いまのお金をより多く残して再投資することのデメリットはほぼありません。

まずはiDeCoを使ったインデックス投資を月額上限まで行いましょう。投資資金に余裕ができてそれ以上の積み立てが可能となれば、つみたてNISAを併用しましょう。「iDeCoの上限+つみたてNISAの上限」まで投資をしても、さらに投資ができるほど投資資金が用意できるのであれば、成長投資枠も併用するのがいいでしょう。

このように、**つみたて投資にも優先順位をつけると、運用の効率性をさらに高めることができます。**

繰り返しになりますが、ｉＤｅＣｏは聞きなれないし、難しく感じるかもしれません。手続きもややこしいです。

それでも、たとえ少額だとしてもやる価値が十分にある優遇制度なのです。ｉＤｅＣｏの優先度を上げてみてはいかがでしょうか？

ガチ速FIREのポイント

まずはｉＤｅＣｏ満額での投資を優先して、節税分は再投資をしよう！

31 個別株投資とインデックス投資を組み合わせる理由

第2章で個別株投資、第3章のここまででインデックス投資について述べてきました。ここでは、**なぜガチ速FIRE戦略では個別株投資とインデックス投資を組み合わせているのか**、について話をしていきたいと思います。

「最短で資産を増やすならば個別株に集中投資をして、数倍に成長して大きな利益を得る可能性のある株を探しあてるのがよいのでは？」と思われる方もいるかもしれません。

それができれば話は早いのですが、失敗するリスクも同様に上がってしまいます。

私は、10年の投資経験において、大きな失敗を何度か経験しています。中でも2015年のチャイナショックのときには、ここまで築いてきた資産が一瞬で崩れ落ちる経験をしました。

それ以来、**個別株投資だけの一本足打法では、いつまで経っても経済的に自由になることはない**のではないか、と思うようになったのです。

その経験から、自分の軸となる資産、強い体幹のような資産が必要であることを強く意識するようになりました。

一度資産がゼロになったことで、わずかな資金からスタートせざるを得なくなり、そこからつみたて投資を始めるようになりました。

確かに、アベノミクスでガンガン増やせていた時期と比較すると、増えるスピードは遅いし、地味でつまらない作業でした。

ですが、半年、1年と時間が経ち、確実に積み上がっていた資産金額の推移を目にして、いままでとは違う安心感を覚えたのです。

先ほど地味でつまらない作業といいましたが、最初に設定を行うだけで、自動的に投資が実行されていくので、マーケットの上下で心が乱れることもありません。

そして調べれば調べるほど、全世界株式やS&P500への投資が、確実性の高いものであることに納得もしていきました。

だからこそ、**つみたて投資とは別の資金で、ある程度思い切ったリスクがとれるようになった**と思っています。


投資の世界では、**「ポートフォリオ」**という言葉があります。ここではあまり難しく考えずに「いろいろな資産の組み合わせ」のことだと思ってください。

個別株投資とインデックス投資を組み合わせた投資戦略のポートフォリオは、とてもバランスがとれています。**守りのインデックス投資に対して、攻めの個別株投資という攻守ともにそろった組み合わせ**なのです。

守りのつみたて資産が複利で積み上がっていき、シミュレーションによって将来いくらになるかがある程度わかります。だからこそ、個別株投資では思い切ってリスクをとることができるのです。

誤解のないように、個別株でリスクをとるというのも、以前の私のように信用取引でレバレッジをガンガン使って投資をする、ということではなく、**目標株価が高い株に分散して購入して、目標株価になるまできちんと持ち続けるということ**です。

個別株投資はあくまで大きな利益を狙うことが役割です。野球でいうと4番バッター。つねにホームラン狙いでいいのです。その代わりに、インデックス投資が確実に資産を防衛してくれています。

この戦略であれば、以前の私のように、**急落からいきなり退場になることはまずありません。**

私は2020年に専業投資家になりました。専業になった当初は、専業だからという枠にとらわれ、毎日のトレードで小さな利益の積み重ねを試みましたが、それは無理でした。

東証アローヘッドというアルゴリズムと、熟練したデイトレーダーが短期売買の世界ではしのぎを削っており、とてもではありませんが生半可な気持ちで勝てる世界ではありません。

毎日、トレードで損失が重なるのはつらかったですが、それでも私の全体の資産が大きく減少することはありませんでした。それは**いままで積み上げてきたインデックス投資の資産が増え続けてくれていた**からです。

そこから無理に**短期投資に頼ることをやめ、兼業のときに行っていたファンダメンタル重視の中長期投資をメインに戻し、数か月に一度、大きな上昇がとれればOKというスタンスに変えたところ、時間にも心にも余裕ができ、自然と投資成果も上がっていきました。**

インデックス投資をしていると、心の安定剤としても働いてくれるようです。その点では、個別投資で大きな利益を狙いつつ、インデックス投資を継続することがとても合理的な投資手法であると私は確信しています。

ガチ速FIREのポイント

守りのつみたて投資があるから、個別株投資でリスクがとれる

第4章

副業収入アップ
自分の力で
収入源を生み出す

32

副業は「自分の力だけで生きる自信」につながる

5年でサイドFIREを目指すうえで重要なのは、「収入を上げる」ことです。本業で十分な収入を得ていたり、収入アップを期待できるならまだしも、現代の日本において本業での収入アップを期待できる人はそう多くはありません。もしも、本業での収入増が望めないのであれば、副業はやるべきだと私は考えます。

その理由は次のとおりです。

副業を始めるべき理由

①「稼ぐ力」を高められる

②ビジネスの知識がつく
③自分で生きる自信がつく

1 「稼ぐ力」を高められる

副業を行う理由の大きな1つは**「稼ぐ力」**を高められる点にあります。**「稼ぐ力」とは仕事を通して収入を得る力**であり、「稼ぐ力」を高めればお金の流れの入り口を広げることになります。

収入が上がると何がいいのでしょうか？

収入が上がることのメリットは3つあります。**①余剰金が増える、②入金額を上げられる、③生活水準を確保できる**の順番で考えてください。

収入が上がるということは、当然、生活費を差し引いた余剰金が増えることになります。第1章で述べたように、私は**収入の一定割合を定額自動入金する**ことをおすすめしています。**収入が増えると入金額も増えるだけでなく、自由に使えるお金も増え**

ることになります。その分だけ生活にゆとりができるでしょう。

とはいえ、多少収入が上がったからといって、浪費や贅沢にお金を使ってはいけません。いまの生活水準を維持できる程度で考えておきましょう。

2 ビジネスの知識がつく

副業といってもさまざまな職種が存在します。

無数にある副業からどれを選択するかは人それぞれですが、**いかにマネタイズするかを自ら紐解いていくプロセスは、まさにビジネスそのものを学ぶこと**につながります。

そして、**ビジネスの知識は「家計管理」にも「株式投資」にも役に立つので、レバレッジ効果が非常に高い**です。だからこそ、副業でゼロから収入を得ること自体がハイスピードな資産形成への大きな鍵になるのです。

なります。

3 自分で生きる自信がつく

そして最後に、副業で収入を得るということは、**自分で生きる自信がつく**ことにもなります。

副業で収入を得るということは、会社に頼らずに自分の力のみで収益を生み出したということです。またこの収入を拡大できた、さらに継続できたということは何にも代え難い、自分で生きていけるという自信につながるのです。

本書の最終目標は「サイドFIRE」です。サイドFIREは、好きな時間に働きながら早期退職をすることでしたが、いざとなれば自分で稼げるとわかっているからこそ、本業を早期退職できるのではないでしょうか？

また**副業に集中すればさらに成果が上がるとわかっていれば、心置きなく会社をやめる決断もできる**はずです。

「副業をしましょう！」というと、勤めている会社から副業が許されていないために「できない」という人が多いです。

しかし、そうだとしてもやったほうがよい、と伝えたいです。いまはどんな会社に勤めていても一生安泰とは言い切れない時代で、**収入源を1つに限定し続けることはリスクがある**といわざるを得ません。

とはいえ、まだ副業の経験がない人にとっては、副業を始めてみるということは、高いハードルがあることは間違いないと思います。私も始める前まではそうでした。

本章では、そんな初心者の方でも、まずはここから始めてみようというファーストステップを、私の経験をもとに記していきますので、ぜひ一歩進むきっかけとしていただけたら嬉しいです。

ガチ速FIREのポイント

副業を始めず収入源を1つに限定し続けることはリスク大！

33

副業は「時間」と「場所」に拘束されないものを選ぼう！

副業といわれて、どんな職種が思いつくでしょうか？
ここでは大きく分けて次のような2つの区分をしておきます。

副業の区分

①他人の商品を売る副業
②自分の商品を売る副業

最終的には、**②の「自分の商品」を売る副業を目標にする**のがいいでしょう！

とはいえ、最初はそもそも自分の商品を持っていません。なので、**将来的に自分の商品を売るための準備段階として①の「他人の商品」を売る副業から始めてみましょう。**

「他人の商品」を売る副業とは何があるでしょうか？　例をいくつか挙げてみます。

・アルバイト
・ウーバーイーツなどの宅配員
・メルカリなどでせどり
・アフィリエイト

まず、**アルバイトはサイドＦＩＲＥを目指すうえでおすすめできません**。アルバイトは、設定された時給で働くスタイルなので、頑張りと報酬が比例しません。本業以外にどれだけアルバイトの時間をつくれるかが鍵になりますが、そもそも**本業とプライベートの時間を確保することを考慮すると、得られる収入の上限はたかがしれて**

います。また、時間だけでなく場所も拘束されるため、自由もききません。

ウーバーイーツなどの宅配員はどうでしょうか？　アルバイトとの違いは、一件あたり○○円という報酬設定があって、頑張れば頑張るほど収入が増える可能性がある点です。実際に、新型コロナウイルスの感染が拡大した2020年には、ウーバーイーツや出前館といった出前事業が大きく伸び、同時に宅配員のニーズも急激に高まった結果、高収入を得ている宅配員が激増し、話題になりました。

しかし、**宅配員もおすすめできるかといえば、できません**。アルバイト同様にある程度の時間や場所の拘束を受けてしまいますし、そもそも報酬設定も時期によって変動するようです。また時間帯によっては出前数に対して、配達員数が多く、配達件数は取り合いになることも多く、かけた時間に対して見合わない報酬になることもあるようです。

自分ではコントロールしようのない変動要因があるためおすすめできません。

最もおすすめできるのは「アフィリエイト」です。アフィリエイトとは、自分の運営するウェブメディアやSNSを通して、他人の商品を紹介し、購入や成約となった場合に一定の割合が報酬としてもらえる仕組みのことです。

アフィリエイトをおすすめする理由は次の2点です。

アフィリエイトをすすめる理由

①時間や場所が拘束されない

②「メディアを伸ばす」という意識が生まれる

①について、**アフィリエイトはアルバイトや宅配員とは違い、自宅でもどこでも、空いている時間にアフィリエイトリンクを貼ることで収入を得ることができます。**

大切なのは②です。**アフィリエイトで収入を得るためには、ブログやSNSなど、なにかしらの自分の発信メディアを伸ばす必要があります。**アフィリエイトリンクを多くの方に見てもらい、成約しないと、報酬が発生しないためです。

なぜこれが重要かというと、**メディアを伸ばすことは、将来的に「自分の商品」を**

売るチャンスも増やしてくれるためです。そもそもメディア自体が「自分の商品」といえるかもしれません。

自分のメディア上に、他人の商品を紹介していくことで、報酬を得ることができる素晴らしい仕組みです。

「アフィリエイトがおすすめです！」というと、怪しいやり方だと思われることもあるのですが、それは一部の情報に偏った考え方だと思います。

もちろん怪しいネットワークビジネスのような商品を紹介してはいけません。そうではなく、自らが使って、ほかの人にとってもこれは良い商品であることを、自分の意見で伝えることが本来のアフィリエイトであり、シンプルにいえば、仲の良い友達への良い口コミのように考えてみるといいと思います。

私自身もこのアフィリエイトをいまでも活用しています。たとえば、YouTubeやVoicy（音声配信サービス）では、参考書籍をもとに動画や音声コンテンツをつくるのですが、その際にはアマゾンアソシエイトのアフィリエイトリンクを紹介URLとして掲載しており、そのURL経由で本を購入される方がいれば私に報酬が入ります。

また、アマゾンの場合だとアマゾンオーディブル（音声読書）を紹介することもでき、1件につき紹介料がもらえます。ごくたまに2か月無料のキャンペーンをやったりするのですが、そのタイミングに合わせてアマゾンオーディブルを紹介するだけでも、月に数万円の収入となります。

もちろんこれは、私が一定以上の人数の方に見たり聞いたりしてもらえるメディア（YouTubeやVoicy）を運営できているからではありますが、メディアをつくるモチベーションとしてアフィリエイトを活用しない手はありません。

ガチ速FIREのポイント

簡単に始められる副業なら「アフィリエイト」がおすすめ

34

「ＳＮＳフォロワー数」があれば副業は一気にラクになる

おすすめの副業としてアフィリエイトをご紹介しました。アフィリエイトのように時間や場所にとらわれない副業を選ぶうえで欠かせないのは、「ＳＮＳ運用」です。

どんな活動をするにしても**「ＳＮＳフォロワー」はとても重要な存在であり、言い方はさておき「資産」としての価値が高い**と思います。あくまでも客観的に見ているだけであって、フォロワーさんを金づるだといっているわけではありませんので、誤解のないようにお願いいたします。

ＳＮＳフォロワー数は、いわば１つの「信用」の形で、**ＳＮＳフォロワー数が多ければ、その人はそれだけ多くの人から評価を得ているという「信用」につながります。**

「信用」できる人なら、

・その人の発信内容を見る（PV数や再生数が増える）
・その人のおすすめなら買いたい（アフィリエイト収入が増える）
・その人から学びたい（有料コンテンツを販売できる）
・その人に仕事を依頼したい

など、さまざまな広がりが生まれます。

2020年4月に始めたYouTubeチャンネル、「毎日チャート分析ちゃんねる」には、チャンネル登録者数が7万3600人（2023年11月現在）ほどいます。毎朝7時更新の動画が必ず1万回以上は再生されています。これらは、私のYouTubeチャンネルを見れば誰が見ても明らかです。

これだけの登録者数や再生数があれば、きっとある程度信用できる情報だろう、と思う方もいらっしゃると思います。

継続さえすれば動画がある程度再生される基盤がつくられていて、**「再生数×広告単価」で計算される広告収入を得ています。**

またYouTubeの動画の最後に必ずnote（テキストのプラットフォーム）で運営している「個別銘柄をとことん分析するマガジン」の購読案内を出しています。

個別銘柄をとことん分析するマガジンは、週に1度（毎週金曜日更新）で、個別銘柄を1銘柄とことん分析した内容について、私が記事を書いてアウトプットをしています。**このマガジンは月額９００円となっていますが、開始以来右肩上がりで購読者が増え続けています。**

これもYouTubeでチャンネル登録者数が多くて、毎日動画で見ているあの人の分析であれば一度見てみたいと思ってくださる方が多いように感じています。

また、noteの投稿を継続していく中で、noteが主催するセミナーへの講演依頼をいただきました。独立後に初めていただいたセミナーの講演依頼です。

このときのセミナー報酬は1万円と講演の報酬としてはかなり安かったのですが、このセミナーが私の未来を大きく切り開くことになります。

このセミナーをきっかけに、前著を出版することになりました。

さらに、『マネーポストＷＥＢ』で市況解説に関する連載のお話をいただき、隔週で記事執筆しています。こちらも貴重な収入源の1つになっています。

このように、ＹｏｕＴｕｂｅでのフォロワーを増やすことができたことがきっかけとなって、副業の幅がどんどん広がっていったのです。

フォロワーを増やすことで増えた副業

・ＹｏｕＴｕｂｅから広告収入を得られるようになった
・ｎｏｔｅの有料コンテンツに課金してもらえるようになった
・セミナーへの講演依頼をいただいた
・出版の話をいただいた
・ＷＥＢメディアの連載企画をいただいた

SNSフォロワーというのは1つの信用の形です。そして信用の高い人は、マネタイズの方法が広がり、仕事の幅も広がります。

SNSのフォロワー数を伸ばすことは、第1章でお伝えしたセンターピン（目標達成できればほかの目標も達成できる）になりうるのではないかと思っています。

それはなぜかというと、SNSのフォロワー数が伸びるということは、多くの人にとって役に立つアウトプットができていることになり、それは自分にとっても良質なアウトプットである可能性が非常に高いため、自分自身の成果（投資成果や本業収入増）につながるからです。

ガチ速FIREのポイント

SNSフォロワー数は1つの信用の形

35

SNSフォロワー数を伸ばす秘訣

このパートではSNSを伸ばす私なりの秘訣を紹介します。

じつは、私は決してSNS運用が得意なわけではありません。ただ、**自分に合ったSNSを見つけ、戦略的にフォロワー数を伸ばすことができている**と思います。

まずは、2023年11月時点のフォロワー数について整理しておきます。

運営しているSNSとフォロワー数

YouTubeチャンネル　毎日チャート分析ちゃんねる……7万3600人

YouTubeチャンネル　日本株速報ちゃんねる……3万3000人

Voicy　耳でまなぶ株式投資チャンネル……1万人
ツイッター（現X）……約5000人
note……約2000人

私が運用しているSNSの中では、YouTubeが圧倒的にフォロワー数が多くなっています。ところが、ツイッターは約5000人と、YouTubeと比較すると明らかに少なくなっています。もちろん伸ばしたいと思ってはいるのですが、まだうまくいっていません。

私に合ったSNSがYouTubeであるように、**あなたに合ったSNSや発信の方法がきっとある**はずです。その発信方法をいち早く見つけることが、SNSフォロワー数を伸ばす鍵になります。

ここからは、私がYouTubeを伸ばすことができた秘訣を3つ紹介します。

YouTubeを伸ばす秘訣

①定期配信で習慣に入り込む
②「役に立つ」コンテンツを配信する
③飽きさせない工夫をする（カット&広告挿入）

1 定期配信で習慣に入り込む

YouTubeを始めたとき、自分の中でルールを決めました。「毎朝7時更新」というルールです。そのルールは現在まで1日も欠かすことなく守ってきました。その結果、毎日決まった時間に見る人が増えました。つまり視聴者の習慣の一部に入り込めたのです。

あなたも普段、決まった時間に決まったニュース番組を見たり、音楽を聞いたりする習慣はありませんか？

私が投稿している動画の視聴者は、「通勤時の電車の中で聞いてます」「朝ごはんと一緒に聞いています」という人が多いです。ちょうどその時間でさっと確認ができる情報を、10〜15分の動画にまとめているので、忙しいビジネスパーソンの方にとっても習慣に組み込みやすいようです。

私の場合は、毎朝7時更新としましたが、**あなたも何か情報を発信するのであれば、時間を決めて定期的に配信をすることで、特定の誰かの習慣に入る可能性を高める**ことができます。

2 「役に立つ」コンテンツを配信する

情報発信は役に立ってこそ、視聴者がつき、リピーターになります。とはいえ、何から始めればいいかわからないという方も多いと思いますので、簡単に役に立てる方法について、お話ししていきます。

1つ目の方法は**「まとめる」**ということ、2つ目は**「早い」**ということです。

一時期「まとめサイト」が流行しました。何か特定のジャンルに特化したサイトです。

あなたもこのまとめサイトと同じように、何かをコンパクトにわかりやすく発信することができれば、忙しい視聴者さんの役に立てそうなイメージが湧きませんか？

私のYouTube動画の場合には、メイントピックはあれど、じつは動画の前半と終盤はほとんどこの「まとめ」です。

まず冒頭では、「昨日の振り返り」と題して、日本株、米国株、欧州株、為替、コモディティ、暗号資産の最新の動きを2、3分で振り返っています。

動画の後半では「指数の売買戦略」と題して、日本の主要指数と米国の主要指数のテクニカル分析を一気に解説しています。こちらも3分程度で主要指数の現状のポイントを把握することができます。

このように、**最新情報がまとまっているだけでも、見る人にとっては役に立つ**場合があります。ぜひあなたが毎日必ずチェックしている情報をまとめて、わかりやすく配信してみましょう。

3 飽きさせない工夫をする（カット&広告挿入）

最後に**「飽きさせない」**ということについても取り上げます。

YouTubeを見ていて飽きてしまう動画と、飽きない動画があります。その違いはなんでしょうか？

それは、**余計な要素が含まれておらず、ストレスなく情報が流れてくるかどうか、**です。

カメラに向かって喋っていると、どうしても言葉に詰まってしまったり、「え〜」「あ〜」といった余計な言葉が入ってしまったりします。

しかし、こうした要素は視聴者にとって小さなストレスになりますので、編集でなるべく取り除き、かつ、自信を持って堂々と話すようにするべきです。

このような作業をめんどうくさがらずにやることは、**「視聴維持の改善」**につながります。

また、「視聴維持」はYouTube側から見たときにも重要な指標になります。

YouTubeアナリティクスというデータの中に「視聴維持率」というデータがあ

ります。「視聴維持率」は、動画を再生した人の数を１００％として、時間の経過とともに何％の視聴者が残っているかを見る指標です。

ＹｏｕＴｕｂｅ側のアルゴリズムは完全には公開されていないため、完璧な攻略法は存在しませんが、ほぼ間違いなく「視聴維持率」の高い発信者はＹｏｕＴｕｂｅ側にも注目されます。

ＹｏｕＴｕｂｅは広告ビジネスです。動画を見ているときに流れる広告を視聴者が見てくれるからこそ、企業からの広告収入を得ることができます。そして、その広告を載せるのは、私たち発信者がつくった動画です。

しかし、再生されても視聴者がすぐ離脱してしまうような動画では、動画後半に挿入された広告を視聴者が目にすることがなくなってしまいます。視聴維持率が高く、最後まで見てもらえるような動画は、多くの広告を見てもらえることになるので、ＹｏｕＴｕｂｅ側ももっと多くの人に見てもらいたいはずです。

視聴者にとって飽きない動画構成にすること、間をすべてカットすることは、視聴者のためになり、運営のためにもなり、そしてクリエイターのためにもなっています。

ビジネスの基本に「三方よし」という言葉がありますが、ＹｏｕＴｕｂｅはまさにこの三方よしが上手に設計されているのです。

このパートではＳＮＳ、とくにＹｏｕＴｕｂｅを伸ばす秘訣を取り上げてみました。

まずは視聴者の習慣に入り込むために、定期配信から始めてみてはいかがでしょうか？

ガチ速FIREのポイント

ＳＮＳを伸ばす秘訣は「視聴者の習慣」に入り込むこと

36

マネタイズしやすかった副業ランキング

副業をおすすめしても、多くの人は「もう少し準備してから」という理由でなかなか始めようとしません。それでは一生「売上」が立つことはないし、実践からの活きた学びは得られません。

多くの人が陥る罠としては、**「お金をもらう以上、完璧でなければならない」という思い込み**です。

もちろんもらうお金と同等、もしくはそれ以上の価値を提供できなければ、満足はしてもらえないでしょうし、売上を拡大することもできないでしょう。

それでも**まずは売ってみないことには、その商品やサービスにニーズがあるかどうか、商品やニーズをつかめているかどうか、価格設定は適切かどうか、すべてにおい**

て想像でしかなく、適切なゴールに近づくことはありません。

とはいえ、わからないことは怖いし、理解しようとするのは大変です。頑張って始めたとしても、収入につながらなかったら悔しいですよね。

そこで、このパートでは、**「マネタイズしやすい順番」**というテーマで私の経験した副業を並べてみました。これから副業を始める方の参考になればと思います。

1位―テキスト配信（noteの場合）

難易度：低

noteは、テキストのプラットフォームなので、いわゆるブログに近いものです。無料の会員登録をするだけで、誰でも簡単に有料記事を発行することができます。なので、**最初のとっかかりとしてはnoteがいい**と思います。

noteを使って、発信内容を考えて記事を作成し、有料化して投稿するだけで、購入者さえいればマネタイズができる、つまり売上が発生します。

また、月額500円のプレミアムプランに加入すれば、月額定期マガジンなどのサブスク型の売上をつくることも可能なプラットフォームになっています。現在はオンラインサロンのような使い方ができるメンバーシップという機能も存在します。

2位――アフィリエイト（例：アマゾンアソシエイト）

難易度：低〜中

アフィリエイトの中でもアマゾンアソシエイトはマネタイズがしやすかったです。

アフィリエイトは他人の商品を、自分のメディアで紹介し、購入代金の一部を報酬として受け取る仕組みです。そのアマゾン版がアマゾンアソシエイトです。

どうしてアマゾンアソシエイトは取り組みやすいのかというと、シンプルにたくさんの人がアマゾンを使っているので、紹介された側にとって会員登録やログインの手間がいらず、アフィリエイトリンクといえどもその後は通常のお買い物と同じプロセスをたどるため、なんの抵抗もなくおすすめ商品を購入してくれる可能性が高いためです。

また、Kindle unlimited（電子書籍）やアマゾンオーディブル（音声読書）のサービスを紹介することもできます。

運用するためにはなんらかのメディアが必要になりますが、少額の利益であれば初期段階からマネタイズできるので、とくにアフィリエイトの仕組みやメディア運営のモチベーションという意味も込めて、アマゾンアソシエイトも組み合わせてみてはいかがでしょうか。

3位　動画配信（YouTubeの場合）

難易度：中〜高

そして3番目にくるのは動画配信（YouTube）です。「YouTubeって簡単なの？」と思われた方がいるかもしれませんが、あくまでも私の経験した中での難易度で測っています。また難易度も中〜高なので、簡単というわけではないです。

まず、YouTubeのマネタイズについてですが、次のような基準があります。

YouTubeのマネタイズの基準（2023年7月時点）

①チャンネル登録者数1000人以上
②公開動画の総再生時間4000時間以上 or ショート動画の視聴回数が1000万回以上
③YouTubeの収益化・ガイドポリシーを遵守している
④グーグルアドセンスのアカウントを保有している

YouTuberの数は日に日に増えているため、成功例も多く、YouTubeを伸ばすための動画もたくさん配信されています。

ライバルが多くて、いまから参入しても勝てないのでは、と思われがちですが、トップYouTuberに勝つ必要はありません。**アルゴリズム上で少しずつ評価を上げていけば十分マネタイズエリアに到達できます。**

また別ジャンルでも、**撮影方法やサムネイルのデザイン、概要欄のつくり方などは**

先人の真似をしたほうが早いです。すべてを丸パクリすることはNGですが、構成やキーワードを真似するのは何も悪いことではありません。

撮影機材についても、最初から高額のマイクやカメラを用意する必要はありません。私も始めたてのころはiPhoneとMacBookのみでやっていたので、初期投資ゼロで収益化まで到達することができました。

ほかの情報発信とも共通していることですが、**初期投資がいらないということは、金額的なリスクは限りなくゼロ**に近いです。それでいてトップYouTuberの収入まで行かなくても、会社員の収入を超えるほどの収入を得られるチャンスがあります。

4位━音声配信(Voicyの場合)

難易度:高

情報発信として、難易度が最も高いと感じたのは音声配信(Voicy)です。なぜかというと、始めるときと、始めたあとの収益化時の2つに壁があるためです。

まず始める際には、誰でも始められるというわけではなく、**審査制**となっています。この本を執筆している2023年5月では、通過率は2～3％ともいわれており、気軽に始められるプラットフォームではありません。ただそうなると、Voicyのパーソナリティをやっているというだけで、自分のブランドになります。

また、**審査を通過してパーソナリティになったとしても、すぐに収益化できるわけではありません**。Voicy側からも基準は明らかにされておりませんが、フォロワー数や総再生回数などに応じて、収益化基準が内部で決められているようです。

そして仮に収益化基準に乗っかったとしても、まだまだVoicyのパーソナリティの成功例が少ないように思います。なので、YouTubeのようにシンプルに成功パターンを真似すればいいというわけにもいかず、苦労した記憶があります。

ただし、このように成長しているプラットフォームでの配信を継続できることにも価値があると思いますし、先にも述べたように狭き門である**審査を通過するということが自分のブランド価値を大きく上げる効果**があります。

いきなりVoicyを始めることはできませんが、ほかの音声プラットフォーム（Stand.fmなど）であれば無料でも始めることが可能ですので、Voicyパーソナリティを目指してまずは無料の音声配信から始めてみるのは、ファーストステップとしてもいいかもしれません。

5位―出版、執筆など

難易度：高

最後に、これらの仕事から本の出版の依頼を受けたり、記事の執筆の依頼を受けるというパターンです。

なぜこれらの仕事の難易度が高いかというと、まず**実績が必要**だからです。

本の出版については、各出版社の戦略にもよりますが、SNSのフォロワー数が多い、いわゆるインフルエンサーに声をかける出版社も多く、私の前著についても、YouTubeとnoteの発信実績があったためお声かけいただくことができました。

また本を書いてみて感じたことは、ほかのアウトプットとは、ボリュームもかける時間も関わる人も段違いに多いため、まったくの未体験のことばかりで、不安に押しつぶされそうな日々でした。

また私が書いた本は株式投資に関する内容だったため、時勢によっては業績をベースに銘柄選定する私のやり方の優位性が少し薄れることもあり、執筆中は「本当にこの内容でいいのだろうか？」と何度も自分に言い聞かせながら修正を重ねていました。

しかし、その甲斐あってか、出版からすぐに増刷のお話をいただくことができました。

運もありましたが、ここまでたくさんのアウトプットを重ねてきた集大成を本にすることができ、また優秀な編集とライターの方に恵まれ、とても良い本に仕上がったのではないかと思っています。

この本の出版をきっかけに、その他の出版社さんから取材のお話をいただいたり、連載のお話をいただいたりして、仕事の幅を一気に広げることができました。

ということで、マネタイズの難易度が低い順に私が経験した副業を5つ並べてみましたが、まずは一歩踏み出してみようと思えるものは見つかりましたか？

すぐに始められない副業もあるのですが、長期的にはいろいろな選択肢があることを理解し、**まずはすぐに取りかかれる、テキスト配信、動画配信、音声配信のどれかをスタートさせてみましょう。**そして、その仕事を広げていきましょう！

ガチ速FIREのポイント

まずはできるところから。そして仕事が広がっていく！

37

「副業がうまくいっているか」を判断する基準

このパートでは、副業を始めたあと、副業がうまくいっているかどうかの基準について考えます。

簡単に始められたとしても、最終的にマネタイズにつながらない副業だとしたら、そこにかけた時間と労力が無駄になってしまいます。

そうならないために、**うまくいっているとを判断して継続するのか、うまくいっていないと判断してやめるのか、この基準を持っておくことが重要**です。

この基準を設定するうえで、各副業を**「新規」**と**「既存」**に分けます。新規というのは、新しく始めた副業であり、まだ売上が立っていない副業を指します。既存はすでに収益化の条件は満たしていて、毎月売上が発生している副業を指します。

まず新規の副業の基準です。

新規の副業がうまくいっているかどうかの基準

・3か月で収益が発生するところまできたか
・今後3か月で売上を伸ばせそうか

初期投資が必要ない副業だったとしても、時間と労力はかかります。利益につながらない副業に時間を費やしすぎて、本業や投資、また人間関係に影響が出ては本末転倒です。その中で捻出した貴重な時間をいつまでも無駄に垂れ流すわけにはいきません。

ある特定の**副業に着手して3か月を期限の目安として、収益化条件のクリアを目指**

しましょう。達成できなければ撤退します。

また、仮に**収益化条件を達成したとしても、月1万円にも届かない副業に毎日何時間もかけていては効率が悪すぎます。**自分のこれまでの実績と類似例を比較して、**向こう3か月間でいま以上に売上を伸ばせそうか**を考えてみましょう。

ただ1点注意が必要なのは、マネタイズできたばかりで時給計算するのは意味がありません。最初は小さな売上しか発生しないのです。

レバレッジが効いてくるのはまだ先ですが、ここでは3か月間頑張った未来を想像してみてください。**3か月後に本当に売上が伸びているビジョンが想像できるのならば、継続する価値が高い副業**といえるでしょう。

続いて既存の副業の基準です。

既存の副業がうまくいっているかどうかの基準

・成長の持続性はあるか

・効率的に収益を得られているか

まず**成長の持続性**についてです。現在どんな発信媒体にもアナリティクス（解析ツール）がついていることがほとんどであり、きちんとその数字を確認して**偶然に左右されずしっかり収益を増やし続けることができるか**、検証しましょう。

アナリティクスのない副業だとしても、収入が継続的に得られそうか、検証すべきです。

たとえば、YouTubeの場合、売上は「再生数×広告単価」という計算式で計算されます。本当はもう少し複雑な仕組みで計算されると思いますが、ざっくりというならばこの計算式で説明ができます。

このとき、きちんとアナリティクスを見ていないと、売上が上下した要因の検証ができず、とくに売上が減少した場合の対処方法が見えなくなってしまいます。

もちろん再生数を上げ続ければ、基本的には売上も右肩上がりで上がっていくのですが、広告単価については、企業側の広告ニーズやグーグルが設定する広告料にも影響を受けるため、私たちではコントロールできるものではありません。

アナリティクスを確認することで、売上のブレは再生数が原因なのか広告単価が原因なのか、判断することができます。

このように、**しっかりと数字全体を俯瞰して、成長の持続性を測ることが重要**です。やはり成長していないと副業を継続するモチベーションも落ちてしまいます。

もう1つは**効率性**、要は時給換算です。

私は先にご紹介した5種類の副業で収入を得ていますが、そこにかけている**時間と売上のバランスは意識する**ようにしています。

毎朝7時更新の「毎日チャート分析ちゃんねる」用の動画を1本つくるまでにかけている時間は約3時間です。毎日3時間ということは月に90時間かけているので、それに対していくら稼げているかを計算していきます。

収益にはばらつきがありますが、月30万〜40万円ほどの売上になることが多いので、**時給は3333〜4444円**ということになります。

また、毎営業日夕方17時に配信している「日本株速報ちゃんねる」の場合には、動画を1本つくるまでにかけている時間は1時間30分です。

ということは月22日計算で33時間かけていることになります。こちらも収益にはばらつきはありますが、月10万~15万円ほどの売上になっているので、時給は、**3030~4545円**ということになります。

つまり私がYouTubeで稼働している時間に対しての時給を把握することができます。低すぎれば要因を考えて、撤退か修正か改善を検討しますし、さらに時間単価を高められるような努力をしつつ、季節的なブレについても考慮して考えていきます。

このように、**まずは新規の副業でタネをまき、3か月目標で売上を発生させます。そしてもう3か月かけて水をやり続けて成長できるかを見極めていきましょう。**

成長できると判断した場合は、アナリティクスの数字からブレを考慮しつつ、各数字で成長の持続性を確認し、「売上÷かけた時間」で時給計算をして効率性を意識しましょう。

情報発信のような売上は、非常にブレがあり安定性がないといわれます。ですが、**数字から逃げずに取り組めば十分に大きな果実に実らせることが可能**です。その一方で引き際も重要です。継続か？　撤退か？　明確な基準も設定してみましょう！

ガチ速FIREのポイント

まずは3か月＋3か月で成長可能かを見極めろ！

38 いまも70年前も、副業が経済的自由への道だった

本書で何度も登場している本多静六。前述のとおり、彼は4分の1天引き貯金法を元手に投資で巨万の富を築いたことで有名ですが、じつは副業についてもすすめています。

『私の財産告白』（実業之日本社）から引用してみます。

勤労生活者が金を作るには、単なる消費面の節約といった、消極策ばかりでは十分でない。本職に差し支えない限り、否本職のたしになり、勉強になる事柄を選んで、本職以外のアルバイトにつとめることである

本多静六は4分の1天引き貯金法に加えて、1日1ページの原稿執筆を日課としていました。この2つのルールは、どんなときにも頑なに守ってきたそうです。

この本が書かれたのは1950年。1866年生まれの本多静六が活躍したのは1800年代であったことを考えると、年齢的にもとても大変な作業であることが想像されます。

ですが、このような日課があったからこそ生涯を通して370冊もの著作を残すことができ、この原稿料収入が資産形成の大きな糧になったことは間違いありません。

また、引用した彼の言葉にあるように、

- **本業にプラスに働く**
- **自分のスキルを高めるもの**

という副業を選択することは、本業の幅が広がったり、収入を高めてくれるといった相乗効果があります。

彼には及ばないとしても、私自身も2020年4月に「毎日チャート分析ちゃんねる」というYouTubeチャンネルを開設してから、毎日必ず動画配信を継続しています。さらに、Voicyを通して10分程度の音声配信を毎朝継続しています。そしてnoteというテキストのプラットフォームを使って170週間連続で分析記事をアップしています。

結果、**株式投資のアウトプット前提のインプットとなり、本業である投資の成果につながったとともに、副業収入を得ることもできています。**

「副業をしよう！」というのは、何もいまの時代の話ではなく、この本が書かれた70年前も同じように考えられていた、本質的なお金の話なのです。

ここまで読んだあなたはそろそろ何かに気がつき始めているはずです。いまからでも遅くないです。むしろいまが、今日が一番若い日です。今日から始める**「副業」を継続して成果を生むようになれば、あなたにとって人生が変わるインパクトをもたら**

します。

そしてそれは70年以上も前から語り継がれてきたお金から自由になる本質的な方法の１つであり、ガチ速ＦＩＲＥ戦略には欠かせないパーツです。今日から、本業にプラスに働き、「自分の好き」がお金にもなる副業を始めてみましょう。

ガチ速
FIREの
ポイント

「副業」がうまくいけば、人生を変えるほどのインパクトをもたらす

第5章

家計管理編
1年で収入3か月分の貯金ができる森口流節約術

39

意外と馬鹿にできない節約の威力

この章のテーマは**「家計管理」**です。投資がテーマの本では、**節約や家計管理は地味な扱いを受けがちですが、資産形成において非常に重要な意味を持ちます。**

家計管理をして仮に月3万円の見直しができた場合のメリットを考えてみます。

月3万円のムダを削減することができたとすると、年間で36万円の節約になります。これを、年間36万円の利益を得られる投資に置き換えてみます。

高配当株投資と仮定して、5％の配当利回りの株から配当金を得られるとした場合（ちなみに一般的には利回り3％以上で高配当といわれます）、年間36万円の配当金を生み出すには、いくらの元金が必要でしょうか？

正解は720万円です。つまり、**月3万円の節約には、720万円の5％高配当**

株投資に匹敵する価値が存在するのです。

月3万円、年間36万円の節約というと地味に思えるかもしれないのですが、**投資に置き換えてみると、かなりリターンの良い投資先にかなりの高額を投資しているのと同じ**だと気づくことができます。

さらに、**この3万円をただ寝かせておくのではなく、実際の投資に回すと考えれば、さらにリターンは増大し、時間とともに複利効果を伴う**わけです。

これを理解して、**いち早く家計管理を始めて運用に回している人と、何も考えずに運用しなかった人の差は、時間とともに開いていく一方**です。

私の友人に、ドケチといえるほどの節約家がいました。「そこまでしなくても」「それで幸せなの?」と思いながら彼を見ていましたが、節約をする目的は、投資を行うためだったのです。

彼はその後、手取り22万円ながら1億円の資産形成に成功し、『33歳で手取り22万円の僕が1億円を貯められた理由』(新潮社)という書籍を出版しました。

それほどまでに**家計管理の持つ威力は馬鹿にできない**のです。

月収22万円でも1億円の資産形成を達成できたのですから、いま収入が低いことを言い訳にはできません。いまの収入が高くなかったとしても、未来を切り開く道は必ず存在します。

まずは**月数万円の節約の長期的な価値を認識し、運用に回すことが重要**です。「家計管理で節約したお金×複利運用した利益」をともに複利計算した場合の差は、なかなか認識しづらいものです。ですが、ここまで読んでいただいた方であれば、複利効果によって長期的に大きな差が生まれることがイメージできると思います。

組み合わせによるレバレッジ効果と時間による複利効果を最大化させるために、家計管理は欠かせないパートになっています。家計管理は地味な作業ではありません。人生を前向きにとらえる重要なステップなのです。

ガチ速FIREのポイント

月3万円の節約には720万円の高配当投資と同様の価値がある!

40 家計管理は「見える化」に始まり「自動化」で終わる

家計管理の威力がわかったところで、まず**家計管理の全体像**について考えておきましょう。

家計管理というのは、企業でいうところの会計、決算にあたります。

上場企業の場合には、必ず3か月に一度決算発表を行い、売上から経費を引いて利益を計算する損益計算書（P／L）、資産、負債、純資産の状況を記した貸借対照表（B／S）を作成します。これらは「決算書」と呼ばれています。

家計管理は、この決算書の作成を私たちの家計にも導入するイメージです。めんどうに思われた方もいるかもしれませんが、安心してください。

いまは家計簿の自動化ツールがとても充実しており、**一度設定を完了できれば記録**

は簡単に行うことが可能です。

ただし、「記録」をするだけでは家計管理とはいいません。家計を把握して、ムダを省いて、無駄な支出を削る。また運用計画や入金率をコントロールするところまでが家計管理ができている状態になります。

家計支出は、大きく**「固定費」**と**「変動費」**に分けられます。

「固定費」については、住居費、通信費、光熱費、保険など毎月一定の額が必要になる支出が該当します。「変動費」については、食費、交際費、衣服費、美容代など月によって支払い額が変動するものが該当します。

一般的な企業会計において、固定費と変動費は、売上の増減によって変動があるかないかでどちらかに決まります。企業であれば原材料費や外注費などが変動費に該当し、これらは売上の増加とともに、上昇する可能性が高いです。一方、固定費である家賃、人件費などは売上が増えても一定です(時期により変わることもあります)。

これは私たちの家計においても同じであり、家計管理するうえで気をつけるべき大事な視点です。

投資の軍資金をつくり出す家計見直しのポイントは3つあります。

家計見直しの大切なポイント

① 金額が小さいものより大きなものから取りかかる
② 変動費よりも固定費の最適化を優先する
③ 何に使ったかわからない「使途不明金」を退治する

本書では次のパートで「住居費」について触れています。それは**「住居費」が人生において最も大きな支出の1つになる**ためです。仮に10%の変化があっただけでも、積み重なれば数百万円の違いになります。

また**「住居費」は「固定費」なので、一度見直しができた場合は、その節約効果には持続性があり、毎月の節約分を運用に回した場合には、複利効果で差がついてきます。**

次にその他の固定費全般を優先して見直してください。たとえば「通信費」に分類されるスマートフォンの月額使用料です。「格安ＳＩＭ」が普及し、携帯の使用料金が格段に安くなりました。さまざまな使用条件はあるとしても、格安ＳＩＭに契約を変更するだけで数千円の固定費削減になり、使わない手はないという状況です。

こういった**固定費の削減は、持続性があるため、やはり複利効果で大きな差になりやすい**のです。変動費の細かい節約よりもまずは固定費の削減を優先しましょう。

そして**最後に「変動費」**です。家計管理といえばやはり「変動費」の管理や節約というイメージを持たれる方はけっこう多いのではないでしょうか。

もちろん「節約」の意識を持つことはとても大切であり、私も少しでもコストパフォーマンスの高い選択ができるように日々心がけています。とはいえ、レシートをすべて持ち帰って、すべての買い物を１円単位でずれなく管理しようとか電気をこまめに消して節電しようとかそういうことではありません。

大切なことは「使途不明金」をなるべく少なくすることです。使途不明金とは、使った覚えがないのになくなっているお金です。家計管理に失敗する人の多くはこの「使途不明金」が多い傾向があります。いつのまにかお金が消えてしまう状態を放っておくと、結果として多額のお金を無駄にすることになり、「なぜかお金がない」が口グセになります。昔の私はまさにこれです。

何にお金を使ったのかをしっかり把握できるよう、まずは家計管理を行い、必ず使途不明金を退治してください。

家計管理は次の4ステップで行います。

家計管理の4ステップ

①現状把握：家計簿ツールを使って支出の見える化

②予算の設定：各項目の予算を設定し、貯蓄や投資の目標を決める

③家計の見直し：予算通りに家計運営が行われているか、使途不明金がないかチェックする

④見直し後の検証：①～③を繰り返し自分に合った家計管理方法を確立する

ガチ速
FIREの
ポイント

家計管理は自動で働くシステムの構築を目指そう

家計管理を「システム」に落としていくことがひとまずのゴールです。**自分の意思で管理するのではなく、自動で管理されている状態を目指していきます。**

ただし、仕事の変化や子どもの成長など、ライフスタイルに合わせてどんどん収入も支出も変化していきます。定期的な検証と最適化も含めて、長期視点で楽しみながら、家計管理をすることをおすすめします。家計管理ができると毎月の収支や自分たちの資産状況がわかります。自分たちが置かれている状況がわかると漠然とした不安がなくなり、現状に合わせた将来への計画を自然とイメージすることができます。

41

住居費の見直しはあなたの人生を変えるかもしれない

「いきなり家の話？」と思われたかもしれません。決して、「家を手放せ！」というつもりはないので安心してください。

なぜ最初に家を挙げたかというと、人生の3大支出の1つだからです。ちなみに人生の3大支出は、**「住宅資金」「教育資金」「老後資金」**となります。

個別株における財務分析でも同じなのですが、まずは金額の大きいものから対策ができるとそれだけで効果が大きくなります。

本題の前に私の住居費の話をさせてください。

私は会社に勤めていたときに、東京23区内にマンションを購入しました。住居の話になると、つねに「賃貸」と「マイホーム」のどちらがよいのか、という議論になりますが、私は「マイホーム」を選択しました。

それはなぜかというと、投資の視点を持って物件の価値を計算して、割安でありながら自分たちにとって必要な暮らしが実現できそうな物件が見つかったためです。

その後、税制のメリットを最大限活用したうえで、2023年に福岡県に移住することにしたので東京の家は売却しました。

その際の売却価格は、購入価格を上回り、**住宅ローンの残債を返済しても、売却後の利益が900万円ほど出て、大きな資金をつくることができました。**

住居費は、人生の3大支出の1つであり、物件価格は数千万円単位が一般的です。不動産と名がつくように、物件はこの世に1つしかないものです。

となると、物件の売買には、「買い手」と「売り手」の2者しか存在しません。ここが株とは違う点です。その2者の合意さえあれば、どのような価格であっても売買が成立します。その一方で、当然不動産にも地価や建物の築年数による一定の価値の基準が存在します。

何が言いたいかというと、基本的には相場である程度値段が決められているものの、**たまに掘り出し物のような割安な物件が存在したり、売り手の都合や価格の交渉によって割安に購入できることもある**ということなのです。

私の場合は、割安に物件を購入しその後通常の価格で売却することができたので、**約4年間分の住居費は実質タダとなり、お金を数百万円増やすことができました。**

ただし、実際のところ、すぐに家を売買するなどは現実的な話ではありませんので、現状から固定費を見直せそうか、イメージしてみてください。

マイホームを持っている方は売却の意思にかかわらず査定をとってみてください。査定結果から利益が出るか損失が出るかを考え、さらに売却額で残債を返済することができるか、売却するかしないかを検討するといいと思います。

査定をとるアクションは非常に重要です。なぜなら、**現在の家の資産価値の目安を知ることができる**からです。資産価値がわかれば、今後の住居選びの選択基準が大きく変わります。

賃貸を契約している方は、次の更新のタイミングで家賃交渉をしてみましょう。交渉はじつはそこまで難しくはないので、ぜひチャレンジしてみてほしいです。

ポイントは、相手の気持ちになって考えることです。大家さんになったことをイメージしてみてください。保有する物件を賃貸で貸し出していて、毎月家賃が振り込まれています。住民が退去をした場合は、少なくとも数か月分の家賃収入が入らなくなります。賃貸募集についても費用がかかるでしょうし、時期によってその期間も変わるでしょう。

機会損失やクリーニングにかかる費用に比較すると、多少の家賃交渉に応じることは大家さんとしてもメリットを感じてもらえるのです。家賃を下げることに応じてくれなくても、更新手数料の割引など、費用が減ることも多いです。

ポイントは、ただ「安くしてくれ」とお願いするのではなく、**相手の損失を把握したうえで、ウィンウィンになれるような交渉をする**ことです。

交渉も、言うだけならタダです。失敗してもなんのリスクもありません。言ったか言ってないかの違いで残るお金が変わります。

住居を使用する時間は生活において大きな割合を占め、自身のパフォーマンスに大きな影響を与えます。理想を求めて住居に高すぎる費用をかけることは避けたいですが、ある程度こだわりたいものです。

とはいえ、相場を知らず割高な家を購入したり、家賃交渉をせずお金を垂れ流しにすることはもったいないことだと思ってみてください。住居費は金額のインパクトが大きいだけに、住居に真剣に向き合うことをおすすめします！

ここから、福岡に移住したあとの私の話を少しだけさせてください。

福岡に移住するにあたり、再び家探しという課題に直面しました。移住当初に住んでいたのは、一般的なファミリータイプの賃貸マンションでした。その後、子どもの保育園の都合で、早々に引越しをする必要が出たためです。

福岡に移住した当初はまだ土地勘もついていないために賃貸を選択しましたが、東京でのマイホーム売買の経験を活かして、今回の引越しでは、「マイホーム」という選択肢を優先的に検討していました。

不動産屋で話を聞くと、福岡は政令指定都市であり、人口が増加しているとのこと。空港が近くて便利で、都市圏では建築計画が進んでいて、地下鉄が延伸するなどさらに便利になっており、今後もさらなる人口増が期待できる場所であることを教わりました。

物件価格については、現在もかなり値上がりしていますが、今後も値上がりが続くことが予想され、購入するエリアさえ間違えなければ、5～10年後に損をするリスクは限りなく少ないということでした。データも信頼でき、気持ちがマイホーム購入に大きく傾いたことを覚えています。

ただ、私たちが最終的にとった選択肢は、**「不動産屋がおすすめしない地域に、賃貸で生活をする」**という選択肢でした。

なぜわざわざそんな地域に住んだのかというと、**「お金」以外の自分たちの価値観を優先した**ためです。

そもそも東京を離れ、地方に移住するにあたって最も重要視していたのは「自然豊かな場所に暮らす」というものでした。それがいつのまにか「お金」を基準にして、価値が下がらない、開発が進む都市圏内の、そこそこきれいなマイホームだけに選択肢を狭めてしまっていたのです。

もちろん「お金」を無視したわけではありません。

賃貸であれば、気に入らなければまた引っ越すことができます。家賃は以前の物件よりも、そして東京で一人暮らしをしていたときよりも安いです。

金銭的なリスクはカバーしたうえで、自分たちが最も重要視していた自然豊かな場所での暮らしを体験できることには、「経験」という価値を感じることができました。

そして事実として、便利な東京のマンションに住んでいたときよりも、福岡に最初に住んだ賃貸マンションよりも、精神的にも、時間的にも、金銭的にも豊かに暮らすことができています。

お金を長期的な視点で増やしていく選択肢は人生において非常に重要であることを本書では何度も述べてきました。でも、お金だけを基準に選択肢を狭めてしまっているのでは、本当の「経済的自由」と呼べるでしょうか？

お金以外の価値観を最も重要視して物事を選択できること

ここに本当の経済的自由の可能性を感じました。

もちろん、**日々の生活にお金は切っても切り離せないものであり、経済的な余裕があるからこそ、お金以外の価値観を優先できる**と思います。だからこそ、本書のような戦略的な資産形成が必要になります。

住居費は人生の3大支出です。この住居費の取り扱いだけで、あなたが人生で支払うお金を数百万円、または数千万円単位で節約するだけでなく、投資の視点を使えばお金を増やすことも可能です。

だからこそ、**住居費の見直しは自分の価値観と向き合う良いきっかけ**になります。

あなたは、重要な選択をするときに「お金」を最優先していませんか？

それは本当に経済的な自由と呼べるでしょうか。

今回の家選びの経験を通して、**本当の経済的自由とは、「お金」以外の価値観を最も大切にできることではないか、**と私は考えるようになりました。

ガチ速FIREのポイント

住居費は人生の3大支出の1つ。扱い次第で人生が変わる！

42

「安く買って高く売れるマイホーム」で住居費をタダにする方法

これからマイホームを買いたいと思っている方のために、私が東京在住の際に意識した家探しのポイントについてまとめてみたいと思います。少しでも参考になれば幸いです。

マイホームを選ぶ際のポイント

①職場から近い（通勤負担軽減のため）
②床面積50㎡以上70㎡以内（住宅ローン控除を適用するため）
③新耐震基準を満たす（住宅ローン控除を適用するため）

④利回り6％程度（割安の目安）
⑤5～10年後も価値が上がりそうなエリア
⑥3000万円控除を使う（売却益の税金対策）

1 職場から近い（通勤負担軽減のため）

本業がある方は、**生活の中に仕事の時間が占める割合はとても大きい**です。職場までの通勤にかかる時間や混雑具合については、毎日のことだけに気をつかいたいものです。

住居費を安くするためだけに物件を選んでしまったが故に、通勤に1時間以上、行きも帰りも満員電車ということでは、仕事の疲れがより一層溜まってしまい、せっかくの自宅時間が台無しになってしまいます。

なので、**マイホームはなるべく職場に近い場所にすることをおすすめします**。職場までの距離や通勤に対するストレスがない場所を選ぶというのは、節約というよりは投資に近いイメージかもしれません。
また会社によっては、職場から近い駅に住めば補助が出る会社もあると思うので、活用できる方は会社に確認してみるといいでしょう。

2 床面積50㎡以上70㎡以内（住宅ローン控除を適用するため）

私は、住宅ローンには肯定的です。なぜなら、会社員としてある程度の勤続年数があれば、**誰でも長期間で超低金利のローンが組める**ためです。

長期間で超低金利のローンというのは、月々の支払額が少額で済みます。金利が低いために、負担している金利も大きくなりません。

そこで、**毎月の支出額を抑えた分を、確実性の高いインデックス運用で3〜7％で運用に回すほうが合理的ですし、高く売るつもりで物件を買うので、長い期間はむしろ好都合**なのです。

住宅ローン控除が適用となる床面積の基準は50㎡以上です。ただし、2021年から、所得が年間1000万円以下であれば、40㎡以上でも住宅ローンが適用されるようになったので確認してみてください。

70㎡以内としているのは、価格が上がり、流動性が下がってしまうためです。広い家は理想かもしれませんが、現実問題、買える人は多くありません。

売りに出したときに買い手が多く出やすいのは、床面積60〜70㎡くらいです。出口を考えるのであれば、「広ければいい」という視点は捨てましょう。

3 新耐震基準を満たす（住宅ローン控除を適用するため）

1983年以降に建てられたマンションは新耐震基準となっています。築古でもいいという方は、なるべく**1983年以降に建てられたマンションを購入対象にするとよい**です。

それは「**住宅ローン控除**」が適用になるためです。**住宅ローン控除というのは、住宅ローンの残債に対して0・7%が税額控除になるという制度**です（改正される予定があるので利用時に税制を確認してください）。「税額控除」とは、所得に税率をかけたあとの納税額を直接的に控除するというものです。支払わなければいけない税金がそのまま減る、ということなので、節税のインパクトが大きいのです。

税額控除になると、住宅ローンが3000万円残っているのであれば、税金が約30万円安くなります。

私の場合、**住宅を購入したあとの所得税は、この住宅ローン控除によってほとんどが控除されていました。**

新耐震基準を満たしている物件を探す人も多いため、出口戦略から考えても1983年以降に建てられた新耐震基準の物件を購入することが重要な鍵になります。

4 利回り6%程度（割安の目安）

ここからは、いくらの物件を買ったらよいのかを判断する目安の話になります。

割安かどうかは、地域によってもかなり差が出ますが、私が探していた東京都江東区付近では、利回り6%程度を目安にしていました。

ここでいきなり「利回り」という言葉が出てきて困惑している方もいるかもしれま

せん。やはりここは**投資目線で考える**ことが重要です。

ここでいう利回りは、不動産投資の専門用語を使うと「表面利回り」のことを指しています。細かい金額は抜きとして、**「年間の家賃÷物件価格×100＝利回り」**だと思ってください。

この利回りが6％を超えるような物件を探していたということです。目安になる利回りは時期や地域によって変わりますので、**たくさんの物件の価格を調べ、同条件での賃貸の家賃相場をチェックして、利回りの目安をつくる**といいと思います。

東京都江東区の利回りは、大体4～4・5％程度でした。その中で利回り6％程度の物件を探すのですから、なかなか見つかりません。たくさんの物件情報を見ない限り、相場より割安な物件は見つかるはずはないのです。

それを念頭に置き、気長により多くの物件情報を見て、現地に足を運び、利回りや細かい条件も確認しながら、割安といえる物件を見つけることができたのです。

実際に見つけた物件は、東京都江東区にある2ＬＤＫ68㎡の物件で、価格は2780万円でした。同条件の物件は3200万～3500万円で売りに出されていることが多く、家賃相場が13万～14万円です。

中身もリノベーションがされていてとても使いやすく、デザインも気に入り、そのほかのすべての条件も満たしていたので、最後に土地が下がらないかの確認に入りました。

5 5～10年後も価値が上がりそうなエリア

売却時に土地の値段が上がっていれば、高く売れる可能性はより高まります。売却時の土地の値段は、人口動向や周辺の建設計画などがヒントになるかもしれません。

私が住んでいた地域は、地下鉄の新駅新設の話が出ていて、予定地にその駅ができると駅徒歩3分という駅近物件に生まれ変わることが事前にわかっていました。また、いまも人口が増え続けている豊洲地域からも徒歩圏内であったため、割安に買えてさえいれば、売値が残債を下回る可能性は低いと判断しました。

①～⑤の基準をすべて満たした物件（住居費の補助は出ませんでした）を見つけることができ、数字的な基準を持っていたため、かなり早く買い付けを入れる決断をするこ

とができました。

ちなみに「値段交渉は可能ですか」と言ってみたところ、「2750万円までならOKもらっています！」と言われ、30万円の価格交渉にも成功しています。

住宅購入価格2750万円と諸費用の200万円、合計2950万円の住宅ローンを某地方銀行で0・595％の金利で組みました。月々の支払いは大体8万円程度、管理費、修繕積立金と合わせて約10万円の住居費になりました。

35年ローンなので、残債はなかなか減りませんが、その分だけ**住宅ローン控除により「税額控除」が適用になり、30万円弱の所得税が税額控除されていたため、実際には所得税がほぼ免除になっていた**ことになります。

そして、**約4年間住んだのちに、3580万円で売却**しています。売却時に残っていた住宅ローンの残債が約2600万円だったので、全額を返済し、売却に対する諸費用（仲介手数料など）を払っても**900万円ほどの手残り**がありました。

6 3000万円控除を使う（売却益の税金対策）

⑥については、売却後にわかったことなのですが、大事なことなので記載しておきます。

マイホームの売却についても、売却益に対して税金が発生します。税率は、所有期間5年以内で39・63％、所有期間5年以上で20・315％となっています。

800万円以上利益が出ているならば、300万円ほどの納税が必要となります。ちょっと青ざめてしまうほどの額です。

しかし、マイホームを売却する場合には、**3000万円控除という制度があり、3000万円までの課税所得までなら控除対象**となります（この制度を使用するためには、「自分がいま住んでいる土地や家である」「売った年の前年および前々年に他の特例を受けていない」など条件はあります）。

つまり、今回の売却益については、すべて非課税の対象になるというわけです。実質、**マイホームを所有していた期間の住居費はすべてタダ、むしろお金が増えている**わけです。

マイホーム購入の基準を知っているかどうか、それができるまで根気強く実行したかどうかの違いで、数年後には数百万円の差になってくるのです。

いま賃貸に住んでいる方も、これからマイホームを検討する時が来るかもしれません。また、いまマイホーム購入を検討されている方もいるかもしれません。マイホームは本当に金額が大きいため、大きな差が生まれます。諦めずに時間と労力をかけるだけの価値があるので、ぜひ購入の参考にしてみてください。

ただし注意点もあり、一度3000万円控除を利用した場合には、次の3年以内の住宅購入（住み替え）については、住宅ローン控除との併用ができなくなります。

ガチ速FIREのポイント

マイホームの購入基準をしっかり持って住居費タダを目指そう

43

家計管理ツールを使えば、家計簿は超簡単につけられる

細かな支出を把握するためには、実際に家計簿をつける必要があります。

家計簿をつけると、いまの自分たちの家計における収支が黒字なのか赤字なのか、必要なものにお金が使われているのかが見えてきます。企業でいうと損益計算書（P／L）にあたります。

とはいえ、家計簿をつけるのはなかなか大変です。毎日の支出のすべてを記録してズレのないようにするにはかなりの手間を要します。

そこで活用したいのが、**家計管理ツール**です。

私が主に使っている家計管理ツールは2つあります。メインは**「マネーフォワードME」**です。一度登録すればクレジットカードや銀行口座などの情報を自動で取り

込み家計管理にとどまらず、資産管理までしてくれる家計簿アプリです。

さらに、最近導入した便利なツールがもう1つあるのでご紹介します。それが**「B／43（ビーヨンサン）」**というチャージ式Ｖｉｓａプリペイドカードと家計簿アプリがセットになった「家計簿プリカ」サービスです。

アプリから専用のプリペイド式のクレジットカードを発行後、予算を決めてカードに毎月チャージを行い、そのカードを使って決済していきます。

チャージ式のうえ、使うたびに使用金額と使用先、残額が自動でアプリに記録されるので、「想像以上に使いすぎてしまった！」ということがなくなりました。

Ｂ／43の良い点は3つあります。

B／43の良い点

①リアルタイムで利用通知が届くので使いすぎを防げる
②チャージ式なので予算管理がしやすい
③ペアカードでパートナーと家計管理ができる

1　リアルタイムで利用通知が届くので使いすぎを防げる

一般的なクレジットカードの場合は支払った翌月に使用額が引き落とされますが、**B／43の場合は使用した瞬間にアプリから使用した金額の通知が届きます。**そのため、クレジットカードにありがちな使いすぎを減らすことができます。

2　チャージ式なので予算管理がしやすい

クレジットカードは手元の現金が減らないため、お金を使っている実感が湧きにくく、請求が来てから、「やばい！　使いすぎた！」と思った経験は誰しもあると思います。

使いすぎてしまったのは、予算と上限が決められていなかったからではないでしょうか。とくに日々積み重なる日常の買い物では、予算や上限というのがわかりにくいものです。

そこでB／43のクレジットカードが役に立っています。**B／43はチャージ式で、**

アプリ内でつねに残高が見えます。私の場合、決済の頻度が多い食費や日用品などの変動費はすべてこのクレジットカードで支払うようにしています。

3 ペアカードでパートナーと家計管理ができる

パートナーがいる方は、お金について協力するかしないかは大きな違いになります。

そうはいっても、情報共有をしたり、立て替え分を清算したりなど、二人でお金の情報を共有するのはなかなか大変です。

それを**一気に解決してくれたのがこのB／43**でした。B／43では、二人で使えるペア口座を開設できます。ペア口座にチャージした残高は紐づけされた2枚のカードに共有され、利用履歴も確認できます。お金を使う、管理するという共通の目的に向かって透明性が増して、より協力しようという意欲が湧いてきています。

夫婦でお金の話を真剣に話し合っている人は少ないように思います。**感覚でやっているると、お金は思っている以上に増えません。**コミュニケーション不足は想像以上にコストが高いです。

このように、B／43には多くの利点があります。**一方でデメリットもあり、B／43にはポイント還元がありません。あなたの生活に合った家計簿ツールを見つけられると、一気に未来の家計管理の効果が増えていきます。**

ガチ速
FIREの
ポイント

自分に合った家計簿ツールを味方につけよう！

44 月に1回の入力でOK！ Excel収支管理術

マネーフォワードMEやB/43のようなアプリを使えば、簡単に支出を記録することができます。しかし、記録をすること自体は目的ではなく、使った金額を把握して、予算を立てて、健全に家計を運営していくことが目的です。

そのためには、ツールを使って支出を記録しているだけでは足りません。**家計を改善するためには、節約をするだけでなく、持続性のある無理のない予算を組む必要があります。**

そして**予算を組むためには、現状をしっかり把握すること、予算を決めて主体的に見える化することが大事**です。

図5-1 Excelを使って家計の改善点を探す

	A	B	C	D	E	F	G	H	I	J	K	L	M	N
1		月			2022年1月	2022年2月	2022年3月	2022年4月	2022年5月	2022年6月	2022年7月	2022年8月	2022年9月	2022年10月
7	支出	ローン＋管理費	100,000		99,197	99,197	99,197	99,197	99,197	99,197	99,197	99,197	99,197	99,197
8		生活費【食費、日用品、雑貨、交際費】	65,000		77,764	47,372	66,783	58,194	43,881	69,081	90,005	71,761	68,196	98,491
9		光熱費	20,000		17,984	7,996	30,423	6,786	21,631	10,541	18,667	14,700	12,253	21,191
10		医療費	10,000		0	0	2,370	2,750	0	440	0	0	0	2,730
11		こども日用品	7,000		4,808	3,451	1,999	3,153	3,955	0	4,056	400	2,125	0
12		こども服など	5,000		264	2,606	2,500	1,818	814	2,464	264	1,364	286	6,263
13		こども教育費	10,000		1,652	0	1,399	2,800	9,484	2,387	19,231	2,274	13,500	8,385
14		保険代	4,164		4,164	4,164	4,164	4,164	4,164	4,164	4,164	4,164	2,172	2,172
15		外食	10,000		13,746	10,498	2,500	1,940	0	4,065	14,513	11,452	3,150	16,221
16		レジャー	5,000		6,218	0	12,040	3,600	0	550	8,884	0	6,470	3,400
17		メモ												
18		合計	236,164		225,797	175,284	223,375	184,402	183,126	192,889	258,981	205,312	207,349	258,050
19		プール金			10,367	71,247	84,036	135,798	188,836	232,111	209,294	240,146	268,961	247,075

※あくまで我が家の場合です

そこでおすすめなのは、**Excelを使って、一度自分の手で支出を入力する**ことです。とはいえ、最初は何を入れていいかがわからないと思うので、我が家で使っているものをサンプルとしてご紹介します（図5－1）。

マネーフォワードMEでもグラフ化することはできますが、カスタマイズができないことが難点です。そのため、Excelを使って、管理したい項目を抜き出して入力するようにしています。

こうすることで、メスを入れたい箇所が見える化され、検証を行えるようになります。

ガチ速
FIREの
ポイント

Excelは主体的な情報整理！
少しの手間で
家計の見え方が変わる！

45

「予算設定」と「チャージ設定」で使いすぎをラクに減らす

家計簿ツールの設定とExcel入力を数か月分終えると、かなり自分たちの家計について見えてきます。ただし、先ほどもお伝えしたように、**把握しただけで終わってしまっては家計改善ではなく、家計を見える化しただけ**です。

ここから予算立てをして、それを実行し、改善を繰り返しながら、最適化された状態で自動化できるまでが家計改善です。やっと中間地点にたどり着いたところだと思ってください。

このパートでは、予算立ての方法をご紹介します。私は、予算を次のように組み立てています。

家計の予算の組み立て方

①収入の目安（年内分）を推定する（ボーナスなどの臨時収入もわかる範囲で）
②先取りで投資に回すお金を決める（目安：1割以上）
③固定費を予算化する（目安：4割以内）
④変動費を予算化する（目安：3割以内）
⑤特別支出枠を設ける（目安：1割程度）

ここで大切なことは、**予算を①の収入から考えている**ことです。

お金の入り口から未来の予算を考えることで、「収入を増やそう！」と意識するきっかけになります。

また臨時収入も予算に入れると書きましたが、**決して多く見積もらないようにだけは心がけましょう**。予算化したのに、お金が足りなくなってしまっては、元も子もありません。まずは確実に入ってくる収入を控えめに見積もってみましょう。

次に重要なことは、**「先取り」**をすることです。

家計の落とし穴は、使途不明金にあります。ここが管理できていなければ、お金が貯まることは皆無です。

ですが、枠を決めればその枠内以上に使わないものです。お金というのは不思議なもので、あればあるだけ使ってしまいますが、なければないでその中でなんとかやりくりできます。

ですので、まずは**「投資枠（貯蓄）」を月収の1割以上収入から先取りしてしまう**のです。

先取りのポイントは、**「無理をしすぎない」「最初は少なくてもいいから始めること」**の2つです。

無理をして先取りして生活の満足度を下げすぎてしまうと本末転倒です。とくに健康面に悪影響が出るほど先取りして節約に走ると、体調を壊して医療費がかさんだり、パフォーマンスが低下して収入が下がってしまう危険性もあります。

贅沢やムダは削減したいところですが、あくまでも健康に害のない範囲で先取りをしましょう。

とはいえ、あまりにも無理をしなさすぎると、複利効果による機会損失が大きくなります。**最初は少額で、収入の1割に満たなくてもいいので、投資と特別支出の先取りを行ってみてください！**

次は**固定費を予算化**します。

固定費についても変動費と分けて予算化しておきます。固定費は、収入に対して4〜5割が目安です。固定費の割合が高い人は見直しを検討しましょう。

そして**次に変動費**になります。変動費は収入に対して約3割以内で予算管理してみましょう。

とはいっても、「それができれば苦労はしないよ！」という声が聞こえてきそうです。

そこで**活用したいのは、先ほどご紹介したB／43をはじめとする家計簿ツール**です。チャージ式のB／43にあらかじめ予算分のお金をチャージしておきましょう。

さらに、**定期的に頼むものは、アマゾン定期便でなるべくまとめて購入する**ことで割引になるようにしています。

アマゾンでの買い物は手軽なため、お金を使いすぎてしまうことがあります。そこで取り入れているのが、**アマゾンギフトカードにチャージ**する方法です。これであれば必要な予算に応じて、チャージをすることが可能であり、使いすぎ防止のためのシステムとして機能しています。

大切なことは、**「使いすぎるシステム」を使わず、「使いすぎないシステム」を導入する**ことです。

ここでいう「使いすぎるシステム」というのは、オートチャージや知らぬまに使いすぎるクレジットカードやアマゾンなどのネットの買い物すべてです。

これらを予算化したあとにチャージによって明確な使える枠を設定し、使いすぎたときにすぐに把握できるようにすることが大切です。

家計簿に絶対的な正解はありません。また最初から自分にとって最適な家計にできるわけではないでしょう。

家計管理ができない人は、改善が必要になってもエラーが出たことにすら気がつかず、そのまま時間が過ぎていきます。それではお金が貯まらないはずです。

予算設定とチャージ設定がうまくできれば、無理のない範囲内で、使いすぎを防止でき、なんだかお金が貯まらない、という状態を切り抜けることができます。

最後に、特別支出についても触れておきたいと思います。特別支出とは、冠婚葬祭や帰省に伴う支出など、毎月必ずあるわけではないものの、年に数回は発生する支出のことです。特別支出は高額の支出になることが多いため、「今月は急な出費があったから赤字でも仕方がない」と思ってしまったりと、毎月の家計管理をわかりにくくする原因にもなります。

そのため、毎月の生活費とは分けて特別支出にも予算を設けて管理していきましょう。

ガチ速FIREのポイント

無理のない範囲で「予算化」と「チャージ」の仕組みをつくる

46

「全自動貯蓄&つみたて投資」で手間なく資産が増える仕組みづくり

家計管理は、家計を見える化し、予算を立て、最後に自動化をすることで完了します。

前パートでは、予算立ての方法をご紹介しました。このパートでは、全自動貯蓄とつみたて投資の仕組みづくりについて解説していきます。

自動化のポイントは3つあります。

全自動化の3つのポイント

①「貯める・増やす口座」と「使う口座」を分ける
②お金の移動は自動化させる
③無駄な手数料はかけずにシンプルに

全自動化のためにおすすめしたいのが**住信SBIネット銀行**です。住信SBIネット銀行をおすすめする理由は2つあります。

住信SBIネット銀行をおすすめする理由

①「定額自動入金サービス」と「定額自動振込サービス」を利用することで、自動的にお金を貯める仕組みがつくれる
②「SBIハイブリッド預金」を使って手間なく金融商品を購入できる

「定額自動入金サービス」とは他の口座から毎月定額を自動で住信SBIネット銀行の口座に入金できるサービスで、「定額自動振込サービス」とは住信SBIネット銀行の口座から他の口座に毎月定額を自動で振り込めるサービスです。

定額自動入金と定額自動振込を組み合わせ、お金の流れを自動化しています。

まず、定額自動入金で給与口座から住信SBIネット銀行の口座へ「先取りの運用分」と「家計のための予算分」のお金をまとめて移します。次に、定額自動振込で各銀行口座（生活費用、家賃引き落とし用、お小遣い用）にお金を移していきます（図5−2）。

こうすることで、ATMに行くことなく自動的に、給与口座から「貯める・増やす口座（資産形成用の口座）」と「使う口座（家計用口座）」にお金を移すことができます。それぞれにかかる手数料は会員ランクによって異なりますが、簡単に到達できる「ランク2」であれば月3回まで無料で振込できます。また、手数料自体も77円ととても安いです。

図5-2 お金の流れを全自動化する

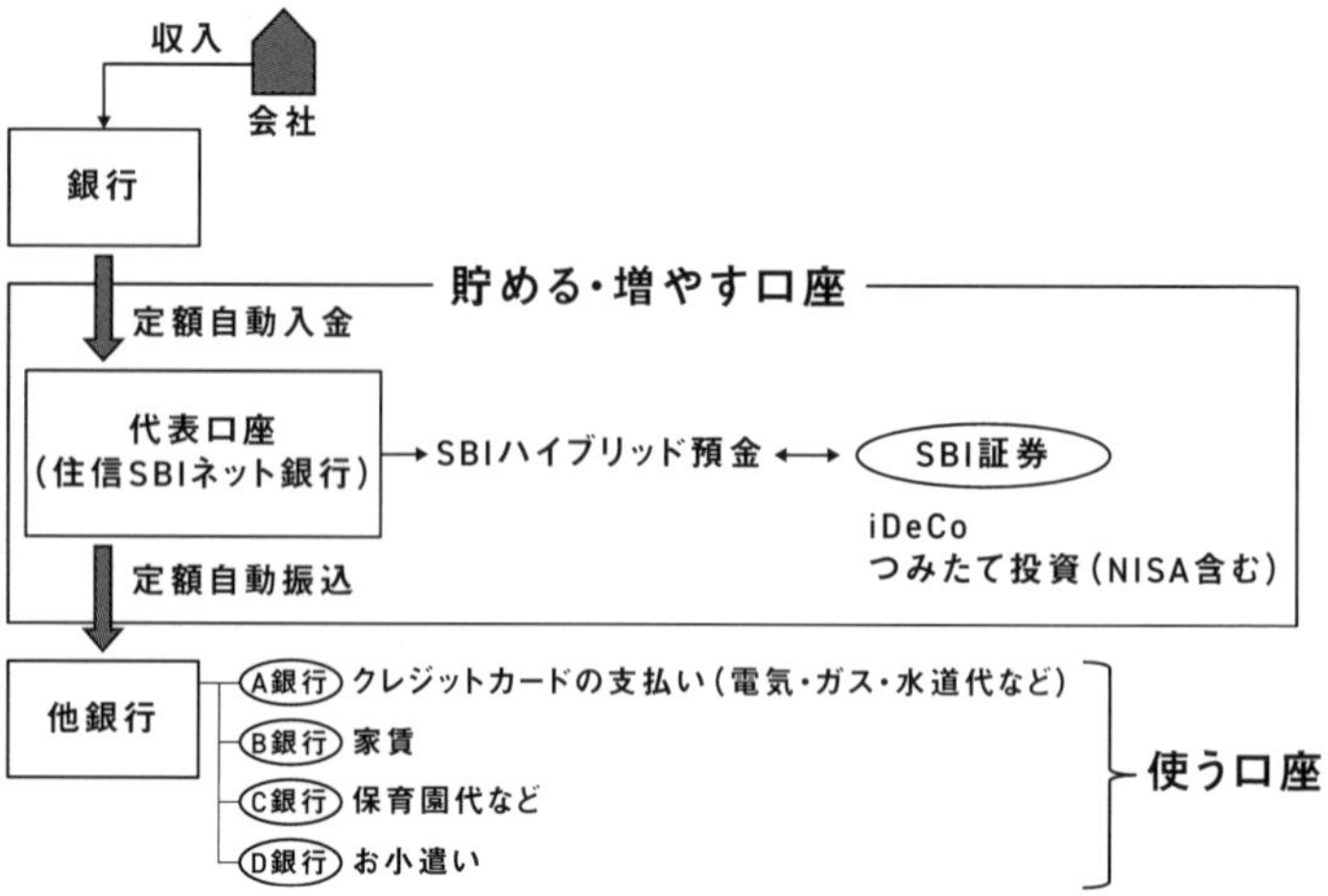

また、住信SBIネット銀行の口座をつみたて投資やiDeCoの掛金の引き落とし口座に設定しています。さらに、SBI証券でスポット的に投資信託を購入したり株式投資をする場合でも、SBIハイブリッド預金口座経由で手間なく行うことができます。

このように、自動化しておくことで、**ヒューマンエラーが極力起こらない家計システム**が動いています。

とはいえ、生活をしていれば予算どおりにいかないこともあるでしょう。これでいいと思っていたシステムにも、どこかしらエラーが発生することもあるものです。

自分たちにとって最適な家計管理のシステム構築は、検証と改善の繰り返しが必要です。
まずは、なるべくヒューマンエラーの起こらない家計管理の仕組みを導入してみることをおすすめします。

ガチ速FIREのポイント

全自動化システムを導入し、ヒューマンエラーをなくせ！

47

「それは本当に必要？」ムダなものを見極める思考法

「本当に必要なものなのか？」をよく考える癖を持つことが、節約を実践しながら生活の満足度を上げていくコツです。

節約というと、ケチくさいというイメージを持たれるのですが、管理できているからこそ、お金の不安が軽減され、満足度の高い人生が送れるのではないでしょうか？

そのためには、必要かどうかを見極めるための「基準」のようなものが欲しいところです。私の場合は、まず**「長期視点」でとらえて、目標に対して「負債」にならないか**、と考えるようにしています。

たとえば、外出時に小腹が空いて、お菓子を食べたくなったとします。そんなとき、甘いお菓子をコンビニで買って食べてしまうと、お菓子は高カロリーの高ＧＩ食（血糖値が急上昇する食べ物）なのでパフォーマンスを下げることになります。このような「負債」を、わざわざ割高なコンビニで買うという行為はバカバカしく思えてくるのです。

収入を上げる、投資で良い成績を残したいなど、**成長意欲の高い長期目標を達成するためには、健康な身体でいる必要があります。**そのため、体調に直結する食事には敏感になれます。

コンビニで買えるお菓子の代わりに第2章でご紹介したベースフードが販売製造するBASE Cookiesであれば、自分の投資先の売上に貢献することもできるし、栄養バランスを見ると自分の身体の負債にならないと把握しているため、購入することがあります。

ただし、コンビニだと割高に買うことになってしまうので、定期購入を利用し割安に購入しつつ、外出時にはなるべく1、2袋持っていくことで、コンビニでの割高な購入機会を極力減らすようにしています。

このような思考を持つと、自然と無駄遣いが減りお金の質が上がります。

このほかの例として、我が家では2021年、テレビを手放し、テレビを持たない生活を送っています。

さらに、テレビを無意識に見てしまうことで、かなりの時間と集中力を浪費していたことに気がつきました。

目標に向かって成長したい自分にとっては、集中力の欠如は長期的視点では「負債」です。

テレビを手放すことで得られるメリットは、お金の面もそうですが、時間と集中力の浪費を減らすことです。その恩恵は、仕事のパフォーマンスアップや投資の成果アップにもつながります。

こう考えれば、テレビの売却には、売却益以上の侮れない効果があると思います。

ただ節約するのではなく、「長期視点で負債にならないか」というのをイメージして、本当に必要かどうかを考えてみると、お金の質がさらに上がると思います。

ガチ速
FIREの
ポイント

「長期視点」で考えて「負債」を買わない

48

「時間別マトリクス」で買うべきものと買うべきでないものを分類する

長期で負債になるものを買わないことが豊かになる節約のコツ、という話をしましたが、もう少しこの話を膨らませてみましょう。

縦軸が短期（いま）と長期（数か月〜数年後）、横軸が資産（お金に代わるもの、お金を生み出すもの）と負債（お金を払う約束、お金が減るもの）のマトリクスで考えてみると、必要なものがスッキリと見えてきます。

時間軸と資産・負債と分けた場合に、あなたが買おうとしているものがマトリクスのどこにあたるかを考えてみてください。

図5-3　マトリクスで考えると買うべきものが見えてくる

	資産	負債
長期	**長期資産** 将来を満たしたい	**長期負債** 将来を犠牲にする
短期	**短期資産** いまを満たしたい	**短期負債** いまを犠牲にする

「短期負債」にあたるものを買おうと思う人はいないと思いますが、あとから振り返ると短期負債になっているケースも多々あります。

　たとえば、最新のものを追い求めてしまうケースです。最も顕著なのは、新築マンションの購入です。新築マンションを、費用で分解してみると、土地代＋建築代＋広告代です。ここにさらに、各関係会社の利益が上乗せされて完成します。かかった費用以上に、得るためのコストが上乗せされていて、新築プレミアムが乗っている状態です。

　買った瞬間に新築プレミアムがなくなり、価値は2～3割ほど落ちます。そのため、考え方によっては「短期負債」に入ります。金額が大きい分、長期的な視点で価値のある物件を割安に買えるように気をつけたいものです。

日常の家計管理において最も重要なのは**「短期資産」**と**「長期負債」**の関係です。

ここでいう短期資産というのは、いまを満たすものです。美味しいものを食べたい、というのは自然な欲求であり、人間の3大欲求である「食欲」を満たすものなので、「短期資産」としましょう。

とはいえ、その積み重ねの結果、「長期負債」になるものもないでしょうか？

たとえばラーメンが好きな人は多いでしょう。でもさすがにラーメンを毎日食べたら身体に悪そうです。ラーメンを食べる行為は、食欲を満たし、おいしさを感じ、短期的に満たされる行為です。

でもその行為の積み重ねは、頻度が多すぎれば身体を壊し、パフォーマンスを下げ、生涯医療費を上げる「負債」になります。

とくに、サイドＦＩＲＥをすると、自分の身は自分で守らなければなりません。なので、**短期的な資産になる選択肢よりも、長期的に負債にならない選択肢をベースに考える必要がある**のです。

しかし、この考え方の話をすると、「そんなケチくさいことばかりで惨めに感じるのではないか？」「我慢ばかりして本当に幸せなのか？」と言われることがあります。

確かに、お金のためだけに我慢を強いられ、苦しい思いをするのではサイドＦＩＲＥをしようと思わないでしょう。「短期資産」と「長期負債」にとらわれた生活なんて、誰もしたくありません。

ただし、もう１つ枠が残っています。それが**「長期資産」**です。ここでいう「長期資産」は将来を満たしたいという選択肢です。

先ほどのラーメンの例でいくと、ラーメンは確かに食べたいけど、長期負債の側面を持ちます。そこで私は「十割そば」に注目しました。

そばは麺類なのでラーメンを食べたいという短期的な欲求を一部満たすことができます。加えて、ラーメンやうどんと比較してそばは健康によく、小麦粉を一切使っていない十割そばは、長期的にも資産になる食べ物といえます。

そのため、私は十割そばをまとめ買いするようにしています。アマゾン定期便などを使ってまとめ買いをすると10％程度の割引が効くことが多いためです。

十割そばというのはあくまでも一例ですが、**長期的に見て良いものの中で、短期的にも満たされるものを探すことで、決して幸福を犠牲にせず、我慢を強いられなくて**

も、満足のいく生活を送りながら、長期視点でも高いパフォーマンスを維持することができます。

そのほかの長期資産の例として、寝具や仕事道具、便利家電などが該当します。

我が家では、少し値は張りましたが**オーダーメイド枕**をつくり、睡眠の質がグッと上がりました。私はとにかく朝が早いので、睡眠の質がかなりパフォーマンスに影響します。オーダーメイド枕は日々(短期)の疲れが変わり、長期的には大きな資産効果をもたらすと思います。

また、ワークデスクについては**電動昇降式デスク**を使っています。スタンディングで仕事をすることは少ないですが、高さを微調整できることで日々の仕事後の疲れ具合に差を感じています。毎日無理な姿勢で仕事を継続するのか、ラクな姿勢に調整できるのかという違いは、長期的視点から見るとかなり差が出てくると思います。

加えて、**ドラム式洗濯乾燥機、食洗機、ロボット掃除機のルンバなどの便利家電**を積極的に導入しています。初期投資はかかりますが、毎日の労力を削減して時間を生み出してくれています。そして電気代や水道代などの日々のコストも、従来の家電より安く済むケースが多く、長期的なコストでみても削減効果が期待できます。

ここでお伝えしたいことは、短期的な「我慢」や「制限」に焦点をあてるのではなく、**長期的な視点で「自己改善」や「成長」に焦点をあてることで、より良い結果を得ることができる**のです。そして、それはあなたが自分自身をよりよく理解し、自分の目標と価値観に基づいて行動することを可能にします。

その結果、あなたは「我慢して節約している」のではなく、**「いまを満たしながら長期的に健康的で豊かな生活」**を送ることができるのです。

目先の「短期資産」に惑わされず、「長期資産」の中から短期的にも満たされるものを見つけてみましょう！

ガチ速FIREのポイント

長期資産と短期資産の両取りできるものを探せ！

49

まだまだある！生活のムダをどんどん減らす森口流節約術

最後に、私が実践してみて、ぜひともあなたの生活にも取り入れてみてほしいと感じた節約術を４つ紹介します。

1 明るい照明はいらない

福岡に移住したところ、新居は旧居よりも部屋数が多く、つけることができる電源に対して、照明の数が足りませんでした。そのため我が家には、必要最低限の照明しかありません。

引越し当初は早く準備しなきゃと思っていたのですが、結局いまもそのまま生活をしています。

それはなぜかというと、ちょっと薄暗い中で夕飯を済ませると、自然と眠くなってくるのです。私は毎朝3時起きを習慣にしているので、いかに入眠をスムーズにするかは、毎朝のパフォーマンスに直結します。

そして、**無駄な電気代もかかっていない**はずです。

私たちは、そこにつけられる照明の電源があればつけるべきだと勘違いしてしまいがちです。そのすべてに電気をつけて、必要以上に明るい環境で過ごすことは、電気代の無駄遣いだけでなく、**睡眠の質を下げ、翌日のパフォーマンスにも影響する**のではないか、と思えるようになりました。

支出の削減効果はわずかでも、自分のパフォーマンスも複利効果で算出したらけっこうな違いになりそうです。

2 健康にこだわれ

私は健康志向が強く、だいぶうるさいほうです。

きっかけは、会社をやめたことで、自分の身体のパフォーマンスが我が家の家計に大きく影響することを実感したことです。2019年に子どもが生まれて、責任感が増したことも大きかったかもしれません。

フィジークというフィットネスの競技大会に参加したことで、大会前に極限まで減量をして、大会時にベストコンディションにするために栄養について深く学び、また食べるものが身体に与える影響を体感したことも、健康についてこだわる大きなきっかけとなりました。

実際に、昨年受診した健康診断では、異常は何もなく、現在も体脂肪率は約10％を維持していて、指摘される生活習慣病はほとんどありません。だからこそ、毎日精力的に稼働して、行動量や発信量による優位性を出せると思っています。

もしも、私が体調を崩した場合は、医療費が発生する（支出が増える）だけでなく、多くの機会損失（収入が減る）が発生します。

株の配当金や原稿収入などがあるため、完全に収入が途絶えるわけではありませんが、毎日のＹｏｕＴｕｂｅの発信から得る広告料や、記事の執筆による原稿料など、実働ができなくなったときの影響はやはりいまでも大きいです。

また、**一般的な生涯医療費は保険給付前で約２７００万円**といわれています。つねに健康でいる人と、体調を崩しがちな人とでは、生涯で考えたら数百万円単位で医療費が変わってくるでしょう。

さらに「健康第一」という言葉があるように、お金を増やしたあと、旅行に行ったり、趣味を楽しんだり、美味しいものを食べたり、といった楽しみは「健康」でなければ楽しく実行することはできません。

そう思えば、やはり「健康」というのはとても価値の高いものです。

長期的な視点で考え「負債」になるものを極力避けて、健康に対する投資を継続することは、目先の節約金額以上に、豊かな人生を送るために不可欠な要素になってくるのです。

3 階段と坂道は資産

とはいえ、「健康にこだわる」といっても何をすればよいのでしょうか?

健康の3大要素は「食事」「運動」「睡眠」です。ここまでで睡眠の質については何度か触れていますね。

ここでは「運動」についてのこだわりをご紹介します。「健康」には高い価値があり、「健康」を維持するためには「適度な運動」が不可欠です。でも、節約を意識する反面、「運動」をするにもけっこうお金がかかることが多いです。

たとえば、健康のためにジムに通うとしても、入会金に加えて月額5000~1万円程度の固定費が発生します。そのほかの趣味にしても、必要な道具やアイテムをそろえたりするのにも費用がかかり、あまり運動に没頭しすぎると支出も増えてしまいます。

そこで活用したいのが**「階段」**と**「坂道」**です。私は、東京のマンションに住んでいたときは、ずっと家にいたため、運動不足が気になっていました。ひどいときは徒歩2分程度の子どもの保育園の送迎以外、一歩も外に出ない日もありました。

でも毎日株の分析や発信をする時間はとりたい、どのタイミングで運動すべきなんだろうと悩んでいたのですが、そんなときに思いついたのが「階段」でした。

東京に住んでいたときは、11階建てのマンションの4階に住んでいたので、朝保育園に送って家に戻ってきたとき、**マンションの階段を最上階の11階まで駆け上がり、その後4階まで階段を下っていました。**これだけでも、けっこういい運動になるのです。

また、タスク実行の方法として有名なif-Thenプランニングという方法があります。これは「もし◯◯をしたら、△△もする」といったように、ある行動に対して、もう1つアクションを付け加えるような習慣化のテクニックです。

これを使って私は、**「もしゴミ捨てにいったなら、11階まで階段を登ってから帰ってくる」**というif-Thenプランニングを設定しました。我が家のゴミ捨て担当は私でしたし、週に何度か必ずゴミ捨てが発生します。そのたびに階段昇降をするので、自然と運動習慣がつく、というからくりです。

福岡移住後は、4階建てのマンションに住むことになりました。いままで11階まで駆け上がっていた分ちょっと物足りなかったので、「もし子どもを保育園に送ったら、家の周りを1周走って帰る」というif-Thenプランニングを設定しました。

福岡の住居は高台にあり、**家の周りを1周すると、坂を下り、また坂を登るという行為になり、ちょうど良い運動になりました**。加えて4階まで階段を登ると、ちょうど11階まで登っていたときと同等の運動量に思えます。

健康の重要性を認識したうえで、**忙しい日常生活の中に適度な運動を混ぜ合わせられるかを仕組み化している**つもりでやっています。

これにより健康が保たれ、日々のパフォーマンスが複利効果で向上し、生涯医療費の削減効果を考えれば、くだらないとは言い切れないのではないでしょうか？

4 シンプルな生活を心がけろ

私の生活はかなりシンプルだと思います。たとえば、飲み物は炭酸水とブラックコーヒーのみ。洋服はユニクロのジョガーパンツと無地のTシャツのみ。靴下はこれまたユニクロの黒の靴下のみ。

このように、いろいろなところで**あえてシンプルにしていますが、これが節約には**

とてもいいと思っています。

生活をシンプルにすると、こんなメリットがあります。

・まとめて安く買うことができる

以前はアマゾンを使って500mlペットボトル24本入りの炭酸水を定期購入していました。いまでは各ブランドの価格競争が起こり、1本あたり50円台で購入可能であり、定期便を活用すればさらにここから5~10%の割引が入ります。

福岡に引っ越してきてからは、車を購入しており、保育園付近に業務スーパーがあるため、最近は業務スーパーに立ち寄ったついでに炭酸水を購入する機会が増えました。業務スーパーの場合は炭酸水1本あたり37円と、ネット価格よりさらにお得になっています。

ここまで値段が下がると、コンビニや自動販売機で100~150円かけて飲み物を買う行為がバカバカしく思えてきます。

なので、外出時には必ず1本は炭酸水を持参で出かけて、極力外で追加で飲み物を買う機会を減らしています。一度あたりの節約額は小さいですが、毎日のこととなるとかなりの差になってきます。

・管理がラク

炭酸水をまとめ買いしていると管理がラクです。たとえば、ゴミが溜まったとしても、糖分が入っていないので臭いの心配もありません。当然カロリーもないため、太ったり健康を害してしまうこともありません。そして、いちいち外で飲み物を選択するという判断の回数も減ってきて、時間にも心にもゆとりが生まれます。

また、靴下を1種類に統一すると、ペアを探す手間もなければ、どれにするかを選択する必要もなくなって、時短効果も高いです。なにより、高品質です。ブランドものとユニクロと、もうすでに品質の差はありません。安かろう悪かろうではなく、低価格高品質＝コスパの高い商品に統一することのメリットは価格以上に高いものです。

ガチ速
FIREの
ポイント

ストレスなく実行できる節約を日常生活の中から見つける

おわりに

ここまで、私がサイドFIREをするうえで考えてきた、実践してきたことをできるだけ細かく書いてきましたが、いかがでしたでしょうか？

振り返ってみると、本当に王道と呼ばれることしかしておらず、特別なこと、目新しいことは少なかったかもしれません。

でも、その当たり前のことを、投資、仕事、家計のすべてでシステム化することで、意思に頼らずに継続ができて、「複利効果」と「レバレッジ」を最大化させること。それが本書で伝えたかった最も大切なポイントです。

最後に、「資産の取り崩し」についてお話しします。

つみたてＮＩＳＡやｉＤｅＣｏでインデックス投資をしていると、「将来のためのお金っていうけど、いつ使うんだろう？」と疑問に思うことはないですか？

ＹｏｕＴｕｂｅｒの両@リベ大学長は、著書『お金の大学』（朝日新聞出版）で、「お金に関する5つの力」として「貯める力」「稼ぐ力」「増やす力」「守る力」「使う力」を提唱しています。

着目したいのは、「使う力」に言及している点です。「貯める力」「稼ぐ力」「増やす力」の3つは、本書のようなＦＩＲＥの本では必ずといっていいほど紹介されている内容です。しかし、増やしたお金を何に使うか、に触れられているものが少ないです。

「お金は使ってなんぼ」

両学長が頻繁に使う表現です。この言葉にはとても深い意味を感じます。個別株投資にしても、つみたて投資にしても、投資に真剣に向き合っている方は「増やす力」をとても意識しています。

ただ、意識しすぎるからこそ、せっかく増やした大切なお金を「もったいなくて使えない」という心理になりがちです。事実、私もそのタイプでした。

そんな私は、ある書籍に出会い、考え方が一変しました。その書籍は、『DIE WITH ZERO 人生が豊かになりすぎる究極のルール』（ダイヤモンド社）です。タイトルのとおり「ゼロで死ぬ」ことを目指す内容で、私がずっと真理だと思っていた「節約＋副業＋投資で蓄財することが正解」という固定観念に風穴を開けるような書籍でした。

この本のポイントを簡単にまとめると次のようになります。

・「いましかできないこと」をするためにお金を使え
・人生で一番大切な仕事は「思い出づくり」
・45〜60歳で資産を取り崩し始めろ
・ゼロで死ね

ただし、この本の中でも触れられていますが、正確に「ゼロで死ぬ」ことは不可能です。それは「私たちが何歳まで生きるか？」が正確にはわからないからです。だからいつまでもお金を使わず、節約して、増やそうとしてしまいます。

しかし、年齢を重ねることで、体力は衰え、行動力は減退し、経験の価値も少なくなっていきます。だからこそ、いまだからできる「経験」が大切なのです。書籍内では「記憶という配当がある」と表現されており、深く納得しました。

さらに、私たち日本人は、「老後2000万円問題」や「失われた20年」といったネガティブな報道の影響か、老後に対する過剰な不安を感じている方が多いようです。事実、私もそのひとりでした。

この将来不安はゼロにすることはできませんが、老後は、老後以前より生活費が少なくなりやすいといわれています。

・老後の収支はトントンである人が多い（蓄財はできなくてもお金は減りにくい）
・裕福な人は退職時の88％の資産を残して亡くなる
・そうじゃない人も75％程度の資産を残して亡くなる

・老後世帯の3分の1は結局資産を増やして死んでいる
・年金受給者は退職後で4％しか資産を減らしていない

『DIE WITH ZERO』で紹介されていたデータです。

老後には、資産を取り崩して生活しなければいけないイメージがあっただけに、かなり意外なデータでした。


サイドFIRE後、東京でそれなり（とくに不便がなくて、固定費が低くて、資産が溜まりやすい）な生活をしていたにもかかわらず、東京から地方移住を決断したきっかけになったのが、この『DIE WITH ZERO』です。

移住をするためには、時間もお金もかかるかもしれないけど、自分たちが本当にやりたいと思っていることを経験する。そんな想いで、全国の移住候補先に滞在し、子どもが安心して通える保育園を選び、長距離の引越しや車の購入を行いました。

移住を通して初めて経験することばかりでかなり大変ではありましたが、すべてが特別な経験となりました。

移住によって一時的にかなりの支出が発生しましたが、「経験」から得られる「記憶という配当」をいくつもつくれたと思っています。

ただし、お金がかかったとはいえ、取り崩しを行ったわけではありません。むしろ東京にいた時よりも、現在のほうが資産は増えています。

それはなぜかというと、

・自分たちの資産状況を把握できている
・事前に予算化する癖がついている
・コストパフォーマンスの高い選択肢を心がけている
・資産を減らすことを目的としているわけではない
・サイドＦＩＲＥなのでつねに収入がある

といった理由です。

ここでお伝えしたかったのは、

- やりたいことにはお金をかけてでも経験してよかった
- ここまで資産形成をしてきたプロセスにこそ価値がある
- 無駄な浪費をしない癖がついている
- これからも仕事と運用を継続する
- だから結局資産は減らない（増える可能性が高い）

ということです。

経験には何にも代え難い価値があります。もしも、一定額以上の資産（たとえば、老後2000万円問題を解決できる程度の純資産額）があるのであれば、「経験」にお金と時間を使ってみることも大切です。

ある程度まで資産を積み上げることができた私たちであれば、「経験」にお金を使っても、本当にお金で困ってしまう確率はかなり少ないでしょう。

結論としては、「本当にやりたいことが見つかったタイミング」と「お金が必要なタイミング」に、必要な金額の範囲で取り崩せばいいと思います。

「自分の本当にやりたいこと」に焦点をあてて、「お金」を言い訳にしないで好きなことを選択できる状態こそが経済的自由といえるのではないでしょうか？

私たちが平等に与えられたもの、それは「時間」です。そして、今日が今後の人生で一番若い日ということは誰にも変えられない事実です。

時間の経過とともに、できることは減り、経験の価値は減っていきます。

その中で本当にやりたいことを実現するべく、お金に真剣に向き合い、経済的、時間的、精神的余裕をつくって、最高の経験をするためには、計画的に「取り崩す」場合もあることを頭の片隅に置いておきましょう。お金は使ってなんぼです！

本書はサイドＦＩＲＥを目的に執筆しましたが、サイドＦＩＲＥを人生の目的にするべきではないと私は考えています。サイドＦＩＲＥは通過点であり、大切なことは「経済的自由を何のために得たいのか？」ということです。

いきなりそんなことを聞かれても、漠然としたイメージしか湧かないかもしれません。私もそうでした。

それでも、サイドＦＩＲＥを目指す過程において、徐々に経済的な不安が少なくなることで、今まで考えもしなかったような選択肢があなたの候補に上がってくると思います。

その時に、お金ではなく自分の経験価値をベースに選択する勇気を持つことができること。きっと、それが「経済的な自由」なんだと思います。

自由な選択ができれば人生は一気に楽しくなってくると思います。お金の不安がなくなった時、あなたはどんな選択をするでしょうか？

本書が経済的な自由を得るための一助となってくれることを祈って、筆をおきたいと思います。

この本の執筆にあたり、東洋経済新報社の近藤彩斗氏には、本書の執筆のきっかけをいただき、打ち合わせから原稿修正まで任せっきりでした。

また、つみたて投資や家計管理においては、妻の協力なくしてはここまでの資産を築くことはなかったでしょう。

また、つねにモチベーションをくれる子どもたち、家族、そしていつも私の発信を見てくださるすべての視聴者の方々のおかげで、この本の終わりにまで辿り着くことができました。本書を通して、皆さんにお礼申し上げます。

そして私自身もまだ40歳。まだまだ新しい挑戦を通して、みなさんともっともっと楽しみながら成長できるように努力していきたいと思います。

2023年9月

森口　亮

【著者紹介】

森口　亮（もりぐち　まこと）

個人投資家、投資系YouTuber。1983年、埼玉県生まれ。高校卒業後美容師になるも、薄給とストレスから8年間で退職する。

2011年、職を転々とする「暗黒時代」を送っていたが、一念発起し貯金ゼロから投資を始め、資産を10倍に増やすことに成功する。しかしその後チャイナショックで再び資産ゼロになり、再スタートを余儀なくされる。

試行錯誤を重ね、「有望な成長株を中・長期的に狙う攻めの個別株投資×守りのつみたて投資」という投資手法を継続するための独自の仕組みを編み出し、再スタートから5年でサイドFIREを達成。以降も着実に資産を増やしている。

著書に『1日5分の分析から月13万円を稼ぐExcel株投資』（KADOKAWA）がある。

ガチ速FIRE
知識ゼロ貯金ゼロからたった5年でセミリタイアする最強の株投資・資産形成

2023年12月26日発行

著　者——森口　亮
発行者——田北浩章
発行所——東洋経済新報社
〒103-8345　東京都中央区日本橋本石町 1-2-1
電話＝東洋経済コールセンター 03(6386)1040
https://toyokeizai.net/

ブックデザイン……小口翔平+村上佑佳+青山風音（tobufune）
D T P……………アイランドコレクション
印刷・製本………丸井工文社
編集担当…………近藤彩斗
　Printed in Japan　ISBN 978-4-492-73366-0